捧 读

触及身心的阅读

和古人握手系列

和唐朝诗人握个手

急脚大师 著

南方出版社
海口

图书在版编目（CIP）数据

和唐朝诗人握个手 / 急脚大师著. -- 海口：南方出版社，2023.3

ISBN 978-7-5501-8024-6

Ⅰ.①和… Ⅱ.①急… Ⅲ.①诗人－生平事迹－中国－唐代 Ⅳ.①K825.6

中国版本图书馆CIP数据核字(2022)第251350号

和唐朝诗人握个手
HE TANGCHAO SHIREN WO GE SHOU

急脚大师【著】

责任编辑：	焦 旭
封面设计：	陈旭麟 @AllenChan_cxl
出版发行：	南方出版社
邮政编码：	570208
社　　址：	海南省海口市和平大道70号
电　　话：	(0898)66160822
传　　真：	(0898)66160830
经　　销：	全国新华书店
印　　刷：	河北鹏润印刷有限公司
开　　本：	880 mm×1230 mm　1/32
印　　张：	7
字　　数：	155千字
版　　次：	2023年3月第1版　2023年3月第1次印刷
定　　价：	58.00元

目录

001　前言：为什么大唐诗人拼了老命也要上头条？

013　陈子昂　☆　一把破胡琴，枉死酷吏手

022　宋之问　☆　抛开人品，只看才华吧

029　李义府　☆　这只"妖猫"还挺能折腾

034　贺知章　☆　怎样拥有一个"同花顺"的人生？

044　孟浩然　☆　想出去工作，却不想烦神

057　晁衡　☆　唐朝老外的快乐生活

066　王维　☆　哥当年也曾疯狂过

074　李白　☆　"巨星"的惆怅与纠结

085　韩愈　☆　就算被拍死在沙滩上，我也得乘风破浪

097　孟郊　☆　妈妈，我的人生为什么这么难？

104 杜甫 ☆ 为何，为何，我这么穷？

115 王播 ☆ 吃饭不叫我，你能狂多久

125 李绅 ☆ 从"粒粒皆辛苦"到"粒粒都拿走"

133 薛涛 ☆ 男人的嘴，骗人的鬼

146 白居易 ☆ 财务自由了，懒得搭理你

155 贾岛 ☆ 生前吃斋念佛，身后尽是传说

166 李贺 ☆ 飘久了，也想在凡尘踩踩地

177 杜牧 ☆ 人脉最旺的才子，官场中的"不倒翁"

184 温庭筠 ☆ 陪跑界的第一枪手

196 陆宸 ☆ 把我惹急了，我点自己做状元

201 鱼玄机 ☆ 女人何苦为难女人

208 崔致远 ☆ 十二岁我就出门闯荡江湖了

参考文献

前言：为什么大唐诗人拼了老命也要上头条？

一

为什么唐朝是诗歌最繁盛的时期？

诗歌和科举有着怎样密切的联系？

诗人们真的只有诗和远方吗？

唐朝的诗人们，有人在无限的纠结中辗转反侧，有人在有限的生命中苦吟诗歌，什么是他们人生凄风苦雨的根源呢？当然也有人一帆风顺，在荆棘乱丛中岿然不动，那什么是他们笑傲江湖的资本呢？

大唐之所以成为当时世界上最繁华的王朝，在于它包容一切的大度，在于它海纳百川的胸怀，它的大门随时向各国开放，它的文化随意让大家模仿。只要愿意来，不管你是哪国人、哪种人，男人或者女人，都可以在这里书写你的篇章，放飞你的梦想！

大唐，不仅有诗歌！诗人，不仅会写诗，他们还有不为人知的另一面。

在唐朝，仅为了科举考试，就没有哪个诗人能真正潇洒走一回的。李白、杜甫、白居易、王维等人都未能免俗，诗歌成了他们走上仕途必备的敲门砖。

唐朝科举考试属于"婴儿期"，制度方面还不太完善。考生的卷子不糊名，考官在批阅时能看到考生的名字和籍贯。在这样的情况下，要么你的关系很硬，拼的是爹；要么你的名声很响，拼的是才。如果事先有贵人推荐，考生中举的概率会更大一些。阅卷人会依据文人们平时的作品和名气，结合他们的考试成绩，给出最终成绩。王公贵族、文坛领袖等有地位、有名望的人都可以向主考官推荐人才，大家一起预先拟定录取名单，这叫"通榜"。所以，在考试之前，拟录取人员的名单就已经形成，主考官一般会以"通榜"名单为主、考试成绩为辅的方式录取人才。

有个叫项斯的年轻人在山边的草屋隐居读书，他在考试之前没什么名气，参加了几次科举考试都没成功。好朋友把他的诗集进献给当时的名流杨敬之，杨敬之看过之后，笑眯眯地说："小伙子，写得不错，对我胃口！"于是写了一首《赠项斯》：

几度见诗诗总好，及观标格过于诗。
平生不解藏人善，到处逢人说项斯。

成语"逢人说项"便出自这首诗中，用来形容到处为某人、某事吹嘘、说好话的行为。

有了名人推荐，项斯人气暴涨，在接下来的科举考试中轻松入围，中了进士。

为了中举，诗人们各想各的招，各有各的创意。考试之前，他们翻遍族谱，仔细推敲，深入研究，希望找出能跟当朝权贵们搭上关系的蛛丝马迹，然后把自己平时写的诗编成册，送给有推荐权的人：大哥、大嫂们，请看看我的诗，帮忙点个赞吧！这就是唐朝独特的考试文化——行卷。诗人们把自己平时写的诗和文章誊在一张长方形的纸上，然后卷起来（唐朝的书主要采用卷轴装），包装好，在考试之前送给那些有推荐权的贵人们，求他们说句好话，让自己上"通榜"。面对这样的考试，考生除了需要才华，更需要个人的活动能力和家庭背景，除了四处找关系，还要搞"创意营销"。所以，唐朝诗人们除了诗和远方，还有忙碌疲惫的当下。

韩愈曾经写诗描述考生们行卷的样子："足将进而趑趄，口将言而嗫嚅。"形容考生们站在达官贵人面前，犹豫徘徊，畏首畏尾，想说又不敢说，想问又不好意思问的样子。纠结啊，苦闷啊，能不能给点个赞哪？由此还得来一个成语——"趑趄嗫嚅"，形容人奴颜婢膝、畏缩不前的样子。

不过，即使有人收下你的诗集，也未必能马上回复，因为托关系行卷的人太多了，贵人们也看不过来。这时，就只能想办法重投一份"简历"，挑什么时候去呢？对方家里婚丧嫁娶，前去随份子混个脸熟；对方办宴会，去帮人家端茶递水。这样的行为也有一个好听的名字——温卷。温习一下，让对方加深印象。大哥，还记得我吗？给推荐下吧！

还有一种行卷的方式叫省卷，每个考生在考试前按规定向礼部提交自己平时的作品，这是人人都要交的。省卷的内容，主考官基本都来不及看，即使看，也只看那些提前打过招呼的、有些名气的人的作品。

"千里马常有，而伯乐不常有"，很多诗人，尤其是交际能力不强的诗人非常苦闷：跑关系太累了！但行卷的同时也大大激发了诗人们的"产出"，他们一有空闲就写，一有感触就写，一有新闻就写，什么天上飞的、地上跑的、水里游的、土里埋的……从王侯百姓，到历史时政，没有什么不能写，没有什么不能吟。唐诗包罗万象，数量惊人，诗人们也是被逼的啊！不写多一点儿，拿什么去行卷？

还有一些人挖空心思练习书法，培养各种兴趣爱好，这样倒是容易成为复合型人才，比整天坐在书房里咬文嚼字的"书呆子"好一些。如果你唱歌、跳舞、弹琴、书画、诗词、游戏样样精通，便不愁得不到贵人们的欣赏。大人物一美言，寒士们尽欢颜。

为了提高名气，争上"头条"，唐朝诗人们也是够拼命了。

二

越州（今浙江省绍兴市）诗人朱庆馀来到京城长安参加科举考试，人生地不熟的他一筹莫展：考试前的准备工作该如何开展呢？

朱庆馀虽然没什么资源，但他有好运气！在与人随意攀谈的过程中，他竟然结识了鼎鼎大名的诗人张籍。

张籍曾在韩愈的推荐下考中进士。他是过来人，很喜欢帮助那些来自社会底层的考生们。与朱庆馀一番交流后，张籍对朱庆馀的才学非常赏识：这个小年轻，有前途！

这种天赐良机必须紧紧抓住，朱庆馀拿出二十六篇诗文献给张籍。考生向达官贵人们呈献诗文，展示才华与抱负，以求推荐，这种为了推销自己而写的诗叫干谒诗,类似于现在的自荐信。细细品味朱庆馀的诗后,张籍感觉自己发现了一个人才,不断给朋友们"推送"朱庆馀的文章。

但这一切,焦急等待的朱庆馀并不知道。他按捺不住内心的忐忑,想要写封信问问情况。

直接问张大人有没有推荐我不太好吧,这样做太直白,万一惹人嫌呢?

有了!那我写首爱情诗吧,装作含羞的女子,模糊地表达自己的诉求。

于是,一首七言绝句《近试上张水部》(也叫《闺意献张水部》)迅速"刷爆"了京城文人的朋友圈:

洞房昨夜停红烛,待晓堂前拜舅姑。
妆罢低声问夫婿,画眉深浅入时无。

张水部就是张籍,水部是工部的水部司。当时张籍任水部员外郎,这首诗题目的意思是临近科举考试前写给张水部大人。

昨夜洞房花烛,早上起来得拜见公公婆婆,为了给夫家人留个好印象,

新娘打扮来打扮去,还是不满意。"夫君,我的眉毛画得怎么样?紧跟时尚潮流吗?""我这身衣服穿得如何?符合爸妈审美吗?"

朱庆馀的这首诗将新娘的羞涩、紧张与幸福写得生动有趣,也委婉地说出了自己的心声:"水部司的张大哥请您看过来,我的诗是否符合您的胃口?我是否有机会被录取呢?"

张籍看到这么有意思的诗,不禁抚掌大笑,也回了一首同样风格的诗——《酬朱庆馀》:

越女新妆出镜心,自知明艳更沉吟。
齐纨未足时人贵,一曲菱歌敌万金。

越州有一位清新脱俗的采菱女,出现在铜镜一般的湖中央。她虽然知道自己外貌出众,但是临水照影后又变得有些不自信,自己真的那么美吗?其他姑娘虽然穿着贵重的丝衣,却吸引不了人们的注意力。大家都在看谁呢?原来是采菱姑娘啊,她一展歌喉,值万两黄金。

这首诗就好像张籍在说:"小朱同学,别担心,你的才华没人比得上!"

朱庆馀终于放下心来。

两人这一来一回,一唱一和,直接让考生朱庆馀"火出圈",瞬间"涨粉"无数,大家争着看他的文章。新晋"网红"朱庆馀不出意料地上了考官们的"通榜",最终进士及第。朱、张二人成就了唐朝文坛的一段佳话。

为了上"头条","诗仙"李白也曾费尽心思,到处求推荐。

当时有个叫韩朝宗的官员曾任荆州长史,人称"韩荆州",他经常向朝廷推荐有能力的年轻人,是当时读书人的重点结交对象。想求个官做的李白毛遂自荐,写了一封求荐信——《与韩荆州书》:

白闻天下谈士相聚而言曰:"生不用封万户侯,但愿一识韩荆州。"何令人之景慕,一至于此耶!……白,陇西布衣,流落楚、汉。十五好剑术,遍干诸侯。三十成文章,历抵卿相。虽长不满七尺,而心雄万夫……幸惟下流,大开奖饰,惟君侯图之。

这篇文章一开始就用"生不用封万户侯,但愿一识韩荆州"这样夸张的语句,赞美韩朝宗谦恭下士、虚怀若谷的品格。

可夸完人之后,李白自负的毛病又犯了,接着他毫不掩饰地展示了自己的才华。不仅讲了他的经历、才华、气节等,还引用文化界名人对自己的评价来彰显实力,好像在说:"我想低调,可实力不允许啊!"可想而知,这样的自荐信没能帮他博取韩朝宗的好感。李白败兴而归,只好另想办法。

李白一生大约写了三十首干谒诗,有《玉真公主别馆苦雨赠卫尉张卿二首》《赠从兄襄阳少府皓》《赠瑕丘王少府》《述德兼陈情上哥舒大夫》等,核心思想基本都是感叹自己怀才不遇。

高调求职是好事,但也要掌握分寸。李白的自荐信没能帮他实现抱负,他只能纵情山水,游历四方,在诗歌的王国里做"神仙"。

为何要如此奔波呢?搞得考生和考官都很疲惫,就不能做个安静的读书人吗?

前面我们提到了,唐朝科举考试时不糊名,背后还有人拟"通榜",公平性自然得不到保证。但如果是有名气的才子没有被录取,那主考官也得掂量一下自己能否顶得住舆论的压力。这么有名的人都不录取,你是干什么的?晚唐时期,就曾有落榜生聚在一起上街游行、起哄闹事的事情发生。

就算主考官不怕群众的唾沫星子,难道还不怕皇帝的雷霆震怒吗?我让你选拔人才,你看看,这么有才的人都漏掉了。

所以行卷的风气非但没有被打压,还愈发盛行了。考生在此制度下被逼无奈,只能各显神通,主考官也乐得让那些有名的才子进入官僚队伍中。

但是行卷的人越来越多,"贵人们"也忙不过来。那些递上去的文章往往被当作垃圾处理了,真正能被"贵人们"看到的少之又少。面对这样的形势,考生们必须全力以赴,所以他们写诗、写文章绝不能没创意,文字、内容、形式一定要有特点,实在不行就在包装上下点功夫,否则,想脱颖而出,难于上青天!

当然,也有些考生走上了歪路。他们拉帮结派,结成朋党,找到权贵磕头就拜,甚至发挥集体的力量,贬低他人,操纵舆论,左右主考官的判断。

还有靠抄袭别人作品而中举的考生。诗人杨衡的表兄偷了杨衡的诗文跑到京城行卷,居然考中了,气得杨衡质问道:"我那句'一一鹤声飞上天'还在不在?"表兄回答:"我知道兄弟你最喜欢这句诗,不敢连它也偷了去。"

三

在唐朝，即使前面的路都走通畅了，最后考上了进士，也不能马上就做官，还是得想办法提高自己的名气。

有个叫卢藏用的人考上进士后始终没有就业机会，他写了一篇《芳草赋》，感慨自己满腹才华却得不到朝廷重用，天理何在？唉，干脆去问问神仙吧。于是，他跑到终南山做了隐士，跟随道士们学习神仙法术。

卢藏用跟随道士们修炼，据说可以行走如风，而且能几天不吃饭。又因他读书多，谈吐不凡，在普通人心目中更显得高深莫测。在古代，人们总是相信鬼神说，于是，终南山上有个卢神仙的消息不胫而走，人们还添油加醋，越传越邪，都快传到皇帝的耳朵里去了。

卢藏用的"自我营销"方式，好不容易有了些效果，可人算不如天算，武则天为了给自己日后称帝做准备，打算将都城迁往洛阳。这对卢藏用来说那可真是天高皇帝远了，他该如何是好呢？

卢藏用是个执行力很强的人，他卷起铺盖，赶到嵩山——无论何时，要与领导保持近距离！卢藏用继续将自己伪装成神仙，名气越来越大。终于有一天，武则天听到周围人在谈论嵩山的卢神仙，来了兴致。

"有意思，叫他来谈谈。"

卢藏用终于得到了展示才华的机会，他引经据典，谈古论今。武则天笑了："不错，有水平，先当个左拾遗吧！"

同期的考生们都惊呆了，圣驾到哪里，他就到哪里，还能这样操作？于是人们给老卢起了个外号——"随驾隐士"。

四

在唐朝，除了科举，也有人以门荫入仕，当年跟着李渊打天下的权贵还在，如何保障这些人的特权呢？朝廷规定，他们的儿子、孙子等都可以沿袭长辈的爵位，先当皇帝和太子的贴身侍卫，适当的时候再转换身份进入官场，或者进入贵族学校——国子监。朝廷鼓励这些人参加科举，考上有奖励，考不上也没关系，毕业以后可以直接做官，这些人也被称为门荫官。这种好机会必然意味着会有高要求，只有三品以上官员的儿孙、曾孙，五品以上官员的儿孙以及二品以上的勋官（颁给有功官员的荣誉称号，没有实职）的儿子才有这样的特权，六品以下就别想了。

那六品以下、九品以上的官员子弟的出路呢？各个政府部门还有一些负责抄写、记账、管钱、管粮的职位。这些岗位需要一定的专业技术，贵族看不上，文人不想这么繁忙，但又必须有人干，于是就成了没有才华又有点背景的人的首选，这是唐朝政府中低级官吏、杂役的重要来源，这些人也被称为流外官。

门荫官和流外官在唐朝统称为"杂色"，跟正规科举出身的官员的区别是，一个是"杂牌军"，一个是"正规军"，地位不一样。"杂牌军"每年入选做官的人数跟科举做官的人数比例大约是一比十，他们走进权力中心的机会不多，因为皇帝更重视科举出身的人。

除了上述这些进入体制内的方式，还有武功、伎术（舞蹈、建筑等）、荐举、辟署（地方官员招聘助理）、外戚、宦官、征召（皇帝点名要人）等，花样繁多。有人对唐朝有记载的一千八百零四位中上层官员做过统计，科举出身的有六百三十四人，约占总数的

35.1%；门荫、武功、伎术、流外等途径入仕的人约占22.6%；剩下是其他出身、特殊出身以及说不清楚是哪种出身的。这是什么概念呢？很多人不用通过考试也能进入官场，而寒门出贵子可太难了。

所以诗人都削尖脑袋想把自己"推销"出去。为了科举，诗人们纷纷走出书房，游览山川，接触社会，这极大地丰富了唐朝的诗歌创作形式，可谓是科举史上的奇观。他们开阔了视野，还锻炼了各种能力。这样的人如果被选中做官，想必能力肯定是超出日后八股取士制度下的文人的。

虽然唐朝的科举制度并不完善，但它毕竟为寒门学子提供了一条上升通道，所以很多底层文人尽管屡战屡败，也一直坚持参加科举考试。

陈子昂·一把破胡琴,枉死酷吏手

一

唐高宗永淳元年(公元682年),来自梓州射洪(今四川省射洪市)一个地主家的年轻人走在长安的街头,低着头,驼着背,恨不得把脸埋进青石板的缝里。这次考试他又失败了。两年前他曾来过这里,熟悉的街道,熟悉的风景,熟悉的落榜环节。唉,难道自己真的技不如人?难道自己真的没有做官的命?

年轻人家里虽然不缺钱,可是社会地位不高。他的父母把希望都寄托在他身上,岂能这样回去?当年连打架都不怕的他,岂能怕考试失败?

"赶快过去看看,听说街头有人卖胡琴,要价一千两银子呢!"

"真的假的,一把破琴要这么多钱?走,去看看!"

路人的议论声引起了年轻人的注意,他随着人群来到琴摊前。围观的人很多,啧啧称叹,但无人购买,他心中顿时生出一个绝妙的计划。

"借过,借过。"他甩开膀子,迈开步子,走到胡琴商人身边大声说:"这把琴我要了!"

"一千两,不还价。"卖胡琴的人瞟了一眼年轻人,冷冷地说道。

"还价?你是来搞笑的吧?给,这是一千两,胡琴归我,钱归你!"年轻人冷笑一声,扔下一千两银票,在众人的惊叹声中抱起胡琴潇洒转身,并放下话,"小弟明天要在长安宣阳里设宴,大家都可以来吃香的、喝辣的!有特别节目哦!"不还价,不眨眼,随手就丢下一千两银票,有文章!

年轻人成功地勾起了长安人的好奇心,这个小子从哪儿蹦出来的?为什么那么有钱?他到底要表演什么节目?

第二天,宴会上挤满了人,年轻人轻抚两下琴弦,对众人说:"吾乃蜀地陈子昂,有锦绣诗文上百卷,却没人赏识。这把破琴有什么稀罕的呢?可它却卖出天价。我不服!"

话音刚落,胡琴被他重重摔下,碎了一地。

真土豪!神人!有钱真的可以很任性!

在场的人都震惊了,在众人还没缓过神儿的时候,陈子昂抓紧时间散发"小广告",那是他的诗词文章。当时的京兆司功(京兆就是京城长安,司功主要负责官吏的铨选、考课、封爵和勋赏)王适也在现场,读完陈子昂的文章,大为赞叹:"这个小伙子以后肯定会成为一代文豪啊!"

陈子昂的文章很快在文人圈子里流行开来,加上他特立独行的举动,他终于登上了京城"头条"。第三次参加科举,他成功了。

因为家庭富裕,小时候的陈子昂可以选择自由发展。他交际广泛,好与人争狠斗勇,总之就是想干吗就干吗,反正家里不缺钱。

之后，陈子昂仿佛悟到了生活的真谛，他感觉生活很枯燥，在一次打架伤人事件后开始反思："我的人生难道就要在打架斗殴中度过吗？"陈子昂开始发奋读书，经、史、子、集，无所不读，专心钻研治国安邦的学问。

二

唐开耀元年（公元681年），二十一岁的陈子昂信心满满地踏上前往长安的路途，天下英雄，舍我其谁？他挥笔写下《度荆门望楚》：

遥遥去巫峡，望望下章台。
巴国山川尽，荆门烟雾开。
城分苍野外，树断白云隈。
今日狂歌客，谁知入楚来。

这首诗写出了他的斗志与狂傲。长安，我来了！科举，我来了！可惜，名不见经传的陈子昂没能创造奇迹，在遍地才子的长安城，陈子昂落榜了。他不禁怀疑自己，难道是水平不够？学问不深？

他回到家乡的金华山隐居苦读，不断创作。他写下数不清的诗词歌赋、政论文章，这些作品文采飞扬，文风刚劲有力。

这一次，总该没问题了吧？结果出现了文章开头的那一幕，他又落榜了。也许是好友卢藏用的创意让他意识到了自己的不足：除了狠抓"生产质量"，还得提高"销售技巧"。于是，他想出了摔琴的天才"策划案"，终于让自己的才华被世人认可。

相比韩愈等一大批苦哈哈的诗人，陈子昂能在二十六岁考中科举，除了个人的才学与天才的策划能力之外，还与当时的时代背景有关。科举制度在唐太宗时期并未充分发挥作用。那时和皇帝一起打天下的人才太多了，很多人又出自关陇集团等世家大族，唐太宗李世民凭借超强的个人魅力、文武全才的个人能力，尚能有效管理门阀贵族和功臣集团。但是轮到唐高宗李治当家时呢？功臣们倚老卖老，贵族们子承父业，他们在官僚队伍中势力庞大。如何打击那些门阀大族，成了唐高宗迫切需要解决的问题。

得选人，选可用的人。怎么选？科举是个好办法。唐高宗提高进士的录取人数，抬高进士的身份，很多中下层文人得以挤进官场。唐高祖在位期间年均录取进士6.2人，唐太宗时期年均8.9人，唐高宗时期一下上升到16.8人。从这个方面来说，陈子昂是幸运的。

唐朝并非考上进士就能做官，还得等待吏部的考核，等待空余的编制。陈子昂可不想等，他时刻关注朝廷动向，准备再来一次创意企划。

机会终于来了。

三

唐永淳二年（公元683年），唐高宗在东都洛阳病逝，朝中大臣围绕着皇帝应该在什么地方安葬展开了口水战。

陈子昂立刻进献《谏灵驾入京书》，阐述了就地安葬、不扰百姓的观点。虽然武则天没有采纳，但被陈子昂的文字打动，认为这个小伙子可以培养。她亲自召见陈子昂，一番畅谈之后，火速提拔他为秘书省九品官。陈子昂感动万分，写下《答洛阳主人》，其中"主人亦何问，旅客非悠悠。方谒明天子，清宴奉良筹"，这两句可以看出他对武则天的感激之情。

从此，陈子昂不断地上疏，大谈时事与未来，还时不时给女皇陛下敬献文章，如《洛城观酺应制》《奉和皇帝上礼抚事述怀应制》……

陈子昂认为自己终于遇到了"明天子"，她是那么地善良，那么地圣明，那么地爱才……

可武则天为了巩固统治，重用小人和酷吏，鼓励官员间相互告密，大开杀戒。一时间朝堂进入"恐怖时代"。正直的陈子昂大声疾呼："陛下，您不能这样啊！"他甚至在《感遇》这首诗中直接点名批评武则天："呦呦南山鹿，罹罟以媒和。招摇青桂树，幽蠹亦成科。世情甘近习，荣耀纷如何！怨憎未相复，亲爱生祸罗。瑶台倾巧笑，玉杯殒双蛾。谁见枯城蘖，青青成斧柯！"

谁见过枯树还能发芽？青青树林已被斧子砍伐殆尽，再这么下去，好人会被杀光的。

武则天依然没有接受他的建议。提出建议不被重视，提出批评直接被无视，到底是为什么呢？陈子昂想不通。其实，他没有真正明白武则天目前最迫切的需求——树立皇帝的绝对权威。她要有效打击李氏宗亲与那些不听话的人，酷吏就是很好的工具。她要用非常规的手段开辟女皇登基的非常规道路。不过她也清楚，小人可以利用，却不可重用，否则就是昏君，所以她又大大提高科举的录取率，还首创"老板直聘"模式——殿试，建立起人人都可以做"实习官员"的试官制度。这些举措为她拉拢了一大批社会中下层人民的支持，让底层文人看到了翻身的希望。在门阀贵族依旧强大的唐朝，这些制度的设立仿佛一盏明灯，为想要有番作为的人指明方向。所以，虽然有耿直的文人直谏冒犯到女皇，也通常不会受到迫害。女皇向来善于左手拈花，右手舞剑。

既然喊得口干舌燥也没人理会，那就换个方式建功立业。当时，恰逢契丹犯边，武则天派出侄子武攸宜前往平叛。陈子昂的一腔热血被点燃，他主动请缨上战场。武则天同意了，安排他做武攸宜的参谋。

可惜，武攸宜只想借战争为履历镀金，捞些政治资本，并不想主动进攻。年轻的陈子昂屡次献策不被采纳，开始着急了，他提出愿领一万人做开路先锋。

武攸宜愤怒了，小小的一个参谋，竟然大言不惭，书生岂能打仗？一边儿待着去！

陈子昂不依不饶，他连续建言，这可让武攸宜受不了了。皇帝让你当参谋，不是让你来指挥我怎么打仗的！他一声令下，降陈子昂为军曹掌书记。参谋成了"打字员"，陈子昂在部队中便没有发言权了。

在一个凉风习习的夜晚，郁闷的陈子昂登上蓟北楼（幽州台，现北京市）。

古代的贤君名臣仿佛尽在他眼前，当年燕昭王打造金台，用最虔诚的心招揽天下贤人，燕国才会不断强大，可是现在……

天地悠悠，他是多么渺小和孤独。想想意气风发的少年时期，再看看一事无成的今日，陈子昂的心像是被剖开了一道口子。他写下了《登幽州台歌》：

前不见古人,后不见来者。
念天地之悠悠,独怆然而涕下。

一首诗道出了多少怀才不遇者的心酸与悲伤!

陈子昂心灰意冷,既然建言献策不被采纳,冲锋陷阵也不被允许,罢了,罢了,不如回乡吧。他本来也不是为了混口饭吃而进入官场的,于是上疏"裸辞":"我要回去照顾年迈的父亲!"皇帝也不好阻拦臣子尽孝,表示你回去可以,不必"裸辞",停薪留职,随时可以回来。

守在老家的陈子昂,心有不甘地写下《卧病家园》:

世上无名子,人间岁月赊。
纵横策已弃,寂寞道为家。
卧病谁能问,闲居空物华。
犹忆灵台友,栖真隐太霞。
还丹奔日御,却老饵云芽。
宁知白社客,不厌青门瓜。

相比被批评与指责,被长期忽视更令人痛苦。陈子昂的一身本领,只能在山林中消磨殆尽。

本以为能这样一直隐居下去的陈子昂没想到,一场突如其来的变故改变了他的命运。

四

当地县令段简的无端陷害让他莫名其妙地进入大牢。他不知道自己得罪了谁。俗话说"有钱能使鬼推磨",他立刻让家人拿出二十万两白银贿赂县令,可是段简根本没放在眼里,他要的不是二十万,而是陈家的所有。

狱中的陈子昂饱受折磨,被狱吏打得皮开肉绽。

外伤加之内心忧愤,正当壮年的陈子昂惨死狱中。

关于陈子昂受迫害的原因,历史研究者有很多不同的说法。有人认为是武三思强加迫害,我个人觉得未必如此。武三思是当时继承皇位的头号人选,京城里有太多政敌等着他去收拾,怎么会去关注闲居在家的陈子昂呢?

武则天时期,小人告密、酷吏陷害忠良已是家常便饭,发生了太多的冤假错案,很多人公报私仇、借刀杀人,社会风气随之变差。这一时期,人性的丑恶被激发出来。段简为了谋取陈家家产,把陈子昂的案件搞成谋反大案,反正山高皇帝远,武则天也不会在意一个退休的小官。

陈子昂的离去,让大唐少了一位极具开创性的诗人。豪侠气质让他不屑于跟风南北朝到隋朝时期盛行的奢靡文风,他在给朋友的《修竹篇》中明确提出了诗歌改革的主张:回归汉魏风骨,写诗就要有劲道、有内涵。深厚的学识与豪放的文风让他的诗独树一帜,他仿佛一位身披金光闪闪铠甲的战士,在一堆胭脂俗粉中间显得那样与众不同。他是当时以及后代诗人们的顶级"偶像",对后世产生了深远的影响。

宋之问·抛开人品，只看才华吧

一

武则天成为皇帝后，经常率领一帮文官游览洛阳龙门香山寺，寺庙上方有一座行宫——望春宫。有一次游览时，武则天心血来潮，命跟随的官员们作诗，谁最先作好，就赏给谁一件锦袍。衣服本身不值多少钱，可如果是皇帝赏赐的，那就值钱了。

武则天命才女上官婉儿做裁判，一群文官搜肠刮肚，拼命表现。东方虬最先写好，按约定的规则，应该把锦袍赐给他。东方虬兴奋又小心地接过锦袍，还没坐稳，一首长篇大作亮瞎了众人的眼，一个长相帅气的年轻人写出《龙门应制》：

宿雨霁氛埃，流云度城阙。河堤柳新翠，苑树花先发。

洛阳花柳此时浓，山水楼台映几重。群公拂雾朝翔凤，天子乘春幸凿龙。

凿龙近出王城外，羽从琳琅拥轩盖。云罕才临御水桥，天衣已入香山会。

山壁崭岩断复连,清流澄澈俯伊川。雁塔遥遥绿波上,星龛奕奕翠微边。

层峦旧长千寻木,远壑初飞百丈泉。彩仗蜺旌绕香阁,下辇登高望河洛。

东城宫阙拟昭回,南阳沟塍殊绮错。林下天香七宝台,山中春酒万年杯。

微风一起祥花落,仙乐初鸣瑞鸟来。鸟来花落纷无已,称觞献寿烟霞里。

歌舞淹留景欲斜,石关犹驻五云车。鸟旗翼翼留芳草,龙骑駸駸映晚花。

千乘万骑銮舆出,水静山空严警跸。郊外喧喧引看人,倾都南望属车尘。

嚣声引飚闻黄道,佳气周回入紫宸。先王定鼎山河固,宝命乘周万物新。

吾皇不事瑶池乐,时雨来观农扈春。

因为这首诗写的时间比较长,提交晚了一会儿。上官婉儿瞟了一眼这个帅气的年轻人,陶醉地读完整首诗,感叹:"文理兼美!此诗读起来回味无穷,这才是第一!"当上官婉儿朗读《龙门应制》的时候,武则天眉开眼笑。这首诗不仅辞藻华丽,文采飞扬,而且处处投其所好,将女皇比作天上瑶池的王母娘娘:一个神仙不去享乐,竟然跑到凡间关心人间疾苦,操劳国家大事,这是何等的情操,何等的胸怀?马屁拍得如此别具一格,创意无限!众人看女皇频频点头,都自觉地配合着拍手称好:"好,好诗,绝对的好诗!"

武则天命人"乃就夺锦袍衣之",从东方虬手上夺回锦袍,赏赐给了这个帅气的年轻人，留下东方虬独自黯然神伤。（成语"龙门夺袍"出于此，记录在计有功编撰的《唐诗纪事》中，宋代人阮阅的《诗话总龟前集》中也有记载。）

这位奶油小生就是颇有争议的宋之问，他早期的诗写得朴实自然，意境高远。

二

宋之问没有突出的家庭背景，却有个"学霸"父亲宋令文，既能写诗，又精通书法，还会武功。在父亲的影响与教导下，宋之问专攻作文章，弟弟宋之悌精通书法，另外一个弟弟宋之逊勇猛善战。兄弟三人各学得父亲一门"绝世功夫"，在各自擅长的领域成为专家，成为当时教育界的热门八卦新闻。

宋之问二十岁时就考中进士，踏上仕途，应该说前途一片光明。

身材好、相貌好、成绩好的"三好学生"宋之问属于典型的靠老天赏饭吃，很快他就从九品殿中内教跻身五品学士。唐朝的学士类似御用文人，经常跟着皇帝进进出出，在豪门望族依然强大的唐朝，身份卑微的宋之问仿佛看到跻身上流社会的捷径——用诗歌拍马屁！

皇帝、公主喜欢什么，我就写什么！

武则天掌权之后，他经常写一些歌功颂德的诗和文章逗女皇开心。因为善于奉承，长相帅气，宋之问被调入奉宸院做官。这是专门管理女皇后宫的官职，帮助女皇从各地挑选年轻美貌的男子。

后来，武则天的宠臣张易之、张昌宗权倾一时，连武三思这样的朝廷重臣都拼命巴结他们二人。很有眼力见儿的宋之问也成了张氏"双妃"的贴身小跟班,想尽办法讨好他们二人。

看着张氏兄弟日益得宠,宋之问每天照镜子的时候,心中总不是滋味:"我长得这么帅,又有过人的才华,哪点儿比他们差了?明明可以靠颜值吃饭,为何要靠才华呢?"

梦想要有的,万一实现了呢?

心动不如行动,宋之问写了一首邀宠的诗,本质内容只有五个字——我想入后宫!武则天对宋之问的文采赞不绝口,但没有接纳他。宋之问的内心崩溃了:我到底差在哪里?

武则天对左右的人说道:"宋之问这个年轻人嘛,是个人才,但是口臭严重,朕实在无法忍受。"

宋之问彻底泄气了。细节决定成败,刷牙引领未来啊!

他的后宫梦就这样破灭了,从此一门心思地巴结张氏兄弟。

想要做女皇的男人,也不是多么无耻的事情,只要有机会,谁不想日子过得好一些呢?可是后来宋之问做的事情就太过无耻了,成功将自己打造成忘恩负义界的标杆。

三

武则天驾崩以后,太子李显复位,张易之、张昌宗兄弟被杀,宋之问被贬为泷州(今广东省罗定市)参军,从朝廷重要部门到荒蛮之地。过惯了纸醉金迷的生活,再去过粗茶淡饭的穷日子,他肯定受不了。于是宋之问胆大包天,瞒着朝廷偷偷逃回洛阳。经过汉水(长江支流)时,他写下了那首著名的《渡汉江》:

岭外音书断,经冬复历春。
近乡情更怯,不敢问来人。

他在那荒蛮偏远的地方折腾了好几年,和家人已经失去了联系,如今越走近故乡,他就越是害怕,家里人到底在不在了呢?万一被人认出来怎么办?宋之问想了解情况,又不敢打听,内心矛盾重重。

逃跑可是死罪,好友张仲之同情宋之问的遭遇,暗中收留了他,原以为救人一命胜造七级浮屠,没想到反被咬了一口,葬送了全家的性命。

当时武三思等人掌握实权,朝廷乌烟瘴气。张仲之等人对武氏的飞扬跋扈早已不满,一天晚上,他邀请了几个志同道合的大臣在家里密谋杀掉武三思。听到消息的宋之问眼前一亮,隐约看到有座灯塔指引他驶向荣华富贵的港湾,他马上联系侄子,悄悄嘱咐一番,连夜前往武三思的住处,告发好友张仲之等人。

武三思先下手为强,杀光了张仲之全家。宋之问因为告密有功,成了武三思的亲信,不仅逃跑没被追究,还荣升鸿胪主簿(搞文字工作的),后又升任考功员外郎(管理地方官员的绩效考核)。

真是天大的讽刺,一个忘恩负义的告密小人居然去考察官员的政绩与品行。

武三思倒台后,宋之问又拼命巴结一心想做第二个武则天的安乐公主(唐中宗李显的女儿),李隆基与太平公主联起手来诛杀安乐公主,将宋之问贬到偏远的泷州任参军钦州(后改为桂州)。经过大庾岭的时候,宋之问望着路边的野花、山里的云雾,想起以前奢华的生活，心酸得流下了眼泪。这一去，不知何年才能回来，他提笔写下《度大庾岭》：

度岭方辞国，停轺一望家。
魂随南翥鸟，泪尽北枝花。
山雨初含霁，江云欲变霞。
但令归有日，不敢恨长沙。

唉，我离开热闹的京城到那"三不管"的地方，经过大庾岭，停下车子，一步一回首，遥望我的家乡。我的内心追着从南方飞向北方的小鸟，等一等，等一等，我想跟你们一起回去啊！望着那些向北伸展的花枝，我的眼泪像瀑布一样！绵绵的阴雨刚停止，江上的云彩渐渐变晚霞。只要能让我重回长安，我绝对不学西汉贾谊那么悲伤，让我在京城有口饭吃就行啊！

早知今日，又何必当初？做人得有底线。

也许出于对告密小人行为的极端鄙视，李隆基没有放过宋之问，很快将他赐死。

李义府·这只"妖猫"还挺能折腾

一

他第一次拜见唐太宗时,就把握住了机遇,作了一首《咏乌》:

日里飏朝彩,琴中伴夜啼。
上林如许树,不借一枝栖。

一只成天在上林苑活动的乌鸦,白天迎着太阳勤快地扑扇翅膀,晚上和着琴声卖力地歌唱。皇家园林那么大,能否给一根树枝让我容身呢?

唐太宗笑了,这小子还真会说话,说道:"与卿全树,何止一枝。"于是赏赐给他一个官做,让他成了太子李治身边的贴身跟班。

这个人的名字叫李义府。

太子李治当上皇帝后,李义府受到重用,任中书舍人(掌管皇帝的诏命等)。

后来,李义府不小心得罪了当时的宰相长孙无忌,被贬为壁州司马。通知还没下发,他就知道了(这件事会经他的手),赶紧找死党王德俭商量对策。王德俭说:"皇帝现在想立武昭仪(武则天)为皇后,但又害怕长孙无忌不同意,所以一直没有正式提出来。你若能上疏抢在其他人之前提出这件事,不仅可以取悦皇上,还能取悦得宠的武昭仪,定能转祸为福。怎么样?敢不敢干?"

李义府无所畏惧,反正已经得罪长孙无忌了,不如拼一把。他连夜上疏,请求废黜王皇后,改立武昭仪,并将此说成是奉天命、顺人心的大好事。这番话让唐高宗心里乐开了花,高宗马上召见李义府,将他留居原职。

武则天突破重重阻碍封后成功后,李义府也平步青云,升任中书侍郎(中书省的长官,副中书令),被封为广平县侯。掌握了权力之后,小人往往会排斥异己,稳固地位。李义府与同党们相互勾结,贬杀忠臣,协助武则天一步步登上了权力高峰。李义府知道,只有武则天赢了,他们的地位才稳固。

二

李义府表面看起来很随和,与人说话时总是和颜悦色,但他内心褊狭善妒,阴狠残忍,凡是对他稍有触犯者都会遭到报复。当时人都说他笑中有刀,给他取了个外号叫"李猫"(意指他会像猫一样突然扑向你,拼命挠你)。刘昫在《旧唐书·李义府传》说:"义府貌状温恭,与人语,必嬉怡微笑,而褊忌阴贼。既处权要,欲人附己,微忤意者,辄加倾陷。故时人言义府笑中有刀。"成语"笑里藏刀"便出自于此。

人畜无害

最好别惹我！

李义府很快升任右相（首席宰相，唐代宰相不只一个），主持铨选工作。这样的人把持着官员的任用升迁，可想而知选上来的都是些什么人。

随着李义府的官越做越大，他的家人也越来越嚣张。他家里人贪赃枉法的事被告发，唐高宗心想，先委婉地劝劝吧，于是当面告诫李义府："听说你儿子、女婿多有不法之事，朕都担着压力为你掩饰，你该对他们多加管教才是。"

如果是以前，李义府会吓得手足无措，可现在他的权力仅次于皇帝，嚣张惯了，很难收敛。他居然勃然大怒，问道："是谁告诉陛下的？绝对是诬陷，诽谤！"

唐高宗脸上阴云密布，李义府居然给脸不要脸。我会不知道你那点儿破事？当我是傻子吗？

唐高宗冷冷地说："你知道就行了，别管朕是怎么知道的！"

此时，李义府又犯了一个严重的错误，他既没谢罪，也不请示告退，扭头就走了！

唐高宗虽然当时没有追究，但乌云已经聚集在他的心里，暴风雨很快就要来临。

回去之后，李义府赶紧请道士来家里看风水，最近怎么老这么倒霉呢？是不是风水出了问题？道士算准李义府平日陷害太多人，心里有鬼，就胡编乱造，说他的宅第有冤死鬼积成的怨气，需要花掉两千万钱，才可以压制住这股怨气。

李义府放下心来，能用钱解决的事就不算事。

为了凑齐这两千万钱，他更加变本加厉地搜刮钱财。贪官跟流氓的区别就在于，他们能用光明正大的理由霸占别人的财产。李义府这么做弄得怨声四起,终于再次被人告发。

表面平静的唐高宗早就想收拾李义府了,趁此机会,一声令下,将李义府打入大牢。皇帝的态度就是官场风向标,看来"李猫"的好日子到头了,大家纷纷站出来揭发李义府的恶行。

不查不知道,一查吓一跳,李义府果然心狠手辣,作孽太深。唐高宗降下圣旨,将李义府全家都流放。朝廷官员、民间百姓无不拍手称快,有人甚至写了篇《河间道行军元帅刘祥道破铜山大贼李义府露布》,张贴在交通要道上,说的就是李义府卖官鬻爵、知法犯法的那些事。

后来,唐高宗大赦天下,唯独不给长期流放的囚犯开绿灯,有可能就是针对李义府。李义府被气得一病不起,在忧愤中死去。听到李义府死去的消息,大臣们长长地舒了一口气,这下他真的回不来了,我们再也不失眠了,洗洗睡吧!

贺知章·怎样拥有一个"同花顺"的人生?

一

"对面那个老头好神秘,经常骑着小毛驴出去,身上的衣服穿了五六年都没换过!"

"哎哟,那岂不是一股馊味?他是从哪里来的呢?"

"谁知道!怪人!"

听到家里仆人们的谈论,八十多岁的贺知章觉得他们口中的那个老头不一般。于是他拄着拐杖去找那个"神秘老头"聊天。贺知章这才得知老人乃是修道炼丹的高手,信奉道教的贺知章立刻拜他为师。

不缺钱的贺知章送给老人一颗珍藏多年的夜明珠,说道:"师父,还请多多指教,传我真经!"

老人接过夜明珠,看都没看,随手递给身边的弟子,淡淡地说道:"拿去换些烧饼来,家里都没吃的招待客人。"

贺知章珍藏多年的宝贝居然被拿去换烧饼,难道嫌礼物不贵重?那烧饼是金子做的吗?贺知章脸上仿佛写满了字:我不高兴!很不高兴!

一旁的老人自然明白贺知章的想法,哈哈大笑道:"道术在于心中,而不是拼命争取。对身外之物依依不舍,是修炼不成的。人间充满诱惑,你还是到深山之中去探寻吧!"

贺知章回家反复揣摩师父的话,回忆了下自己如"同花顺"一般的大半辈子,很有收获。于是他上疏朝廷,请求退休回家。

过了几天,那个神秘的老人不见了。谁也不知道他去了何方。

这个故事记载于唐朝皇甫氏所著的《原化记》一书中。《原化记》是一部传奇小说集,记录的并非真实历史,却是有事实依据的:晚年的贺知章甘愿放弃权力,辞官回乡。

二

天宝三载,大病初愈的贺知章上疏唐玄宗,请求恩准他回乡,理由冠冕堂皇:老了,身体零部件需要修一修,回家潜心钻研升仙之术。深藏不露的理由是:开元盛世已辉煌不再,奸臣李林甫的权力达到巅峰,他排除异己,弄得朝堂乌烟瘴气,贺知章决定离开这池浑水。

唐玄宗给足了贺知章面子,他亲自在长乐坡为贺知章摆酒宴,率领皇太子、文武百官来送行。这样的待遇,这样的结局,古往今来有几个人能得到?贺知章还有什么遗憾呢?

还是有遗憾之处的。

那就是已经陌生的故乡。

他在《回乡偶书》中这样写:

少小离家老大回，乡音无改鬓毛衰。

儿童相见不相识，笑问客从何处来。

我很小就离开家乡外出闯荡，现在说话还带着越州口音。如今头发白了，牙齿脱了，家乡的小孩竟然问我是从哪里来的。

不管怎样，落叶归根吧，八十多岁的贺知章站在小时候时常来嬉戏的湘湖边，回想了自己的一生。

贺知章出生在越州永兴湘湖畔的一个普通乡村家庭。

贺氏家族世代居住于此。他们建造私塾，只要是贺氏的孩子，无论穷富，都有在此受教育的机会。

贺知章在家中排行第八，被人称作"贺八"，早早地就在贺家私塾接受了教育。

少年的贺知章拥有神童必杀技：十多岁的他文采飞扬，书法独具一格，成了小镇少年们的偶像。为了拿到进京考试的准考证，他参加了州县乡试，成功突围，拿着"准考证"，乘上小木船，向长安进发。

不跑关系的唐朝诗人是很难做官的。贺知章有一个姑姑（族姑），嫁给了苏州望族陆家。贺知章以此为突破口，找到了在京城做官的姑父陆元方。贺知章在此之前已经跟陆家有书信往来，与陆元方的儿子陆象先神交已久。

智商、情商始终在线的贺知章受到了陆家的热烈欢迎。陆象先非常喜欢这个知识渊博、才华横溢的表弟，逢人便说："我与亲兄弟们阔别多年，谁都不想念，可一天不见贺兄就感觉了无生趣。"

由礼部主持，又被称为"礼部试"，从此成为定制。

因为皇帝们的推崇，进士科逐渐成为最热门的考试科目。唐朝初年，进士科仅考时务策五道。唐高宗永隆二年（681）增加了贴经、杂文两个考试项目。唐玄宗天宝年间以后，杂文变成了纯粹的诗赋题，从此，诗赋成了衡量考生才能最重要的标准。中唐以后，进士科考试的顺序也有了变化，第一场考试变成诗赋题，第二场是贴经，第三场是策文，逐场定去留。

一代女皇武则天对科举改革起过重要作用，为了防止吏部铨选看人看背景来打分，她命人将试卷上的考生姓名用纸糊封后再交给阅卷官评定成绩，这是宋朝弥封制度的起源，让考试更加公平公正。武则天不仅大幅提高科举考试的录取率（年均22人，远超前代几位皇帝），还亲自在皇宫主持考试，采用"老板直聘"的方式选拔人才。天授元年（690），她创立了殿试制度，收归了吏部门阀大族们的用人权，让人才能够与皇帝近距离接触，凭才华也可以得到皇帝的赏识与重用。可惜，弥封制和殿试制只实行了短暂的时间，又在门阀贵族们的强烈要求下，恢复了以前的状态。

唐朝制举从唐高祖武德五年（622）开始，玄宗开元以后进入高潮，文宗大和二年（828）之后，逐渐没落。

武举考试开始于武则天长安二年（702），唐德宗贞元十四年（798）废止，唐宪宗元和三年（808）又重新恢复。武举旨在选拔军事人才，大将军郭子仪就是武举出身。

唐朝科举每年举行一次，除因自然灾害或战乱，有19年暂停外，基本上每年举行一次，每次各个科目同时考试，截止唐哀帝天祐四年（907），一共举行了266次。

龙虎榜

贞元八年（公元792年），唐德宗李适开科选士，任命兵部侍郎陆贽主管贡举（任主考官）。这位陆大人本身就是个才子，诗词歌赋无所不能，尤其写得一手好政论文，他身居高位，眼界开阔，加上他性格刚毅，作风正派，严于律己，敢于直谏，得到了皇帝的赏识和文人的崇拜。这样的人做主考官，即便面对王公贵族们递过来的"通榜"名单，也能够据理力争，秉公录取。

在独具慧眼的陆贽手中，本场考试一共录取了二十三人，这些人个个饱读诗书，文采卓著。李绛、崔群和王涯都先后坐上宰相宝座，冯宿担任剑南东川节度使，许季同官至监察御史，庚承宣成为天平军节度使，刘遵古官至刑部尚书，韩愈成为文坛领袖……

五老榜

为了稳定那些长年累月奔走科举考场者的人心，皇帝们也会适时推出一些"安慰奖"。天复元年（901），唐昭宗下令从新及第的进士中，选择年纪比较大的人，打破条条框框，直接给予好的官职。当时选中的五个人都是在考场奋斗了多年的老头子了，曹松五十四岁，王希羽七十三岁，刘象七十岁，柯崇六十四岁，郑希颜五十九岁。五个走路都费劲的老头，一同进榜，同时授官。

唐朝科举知识

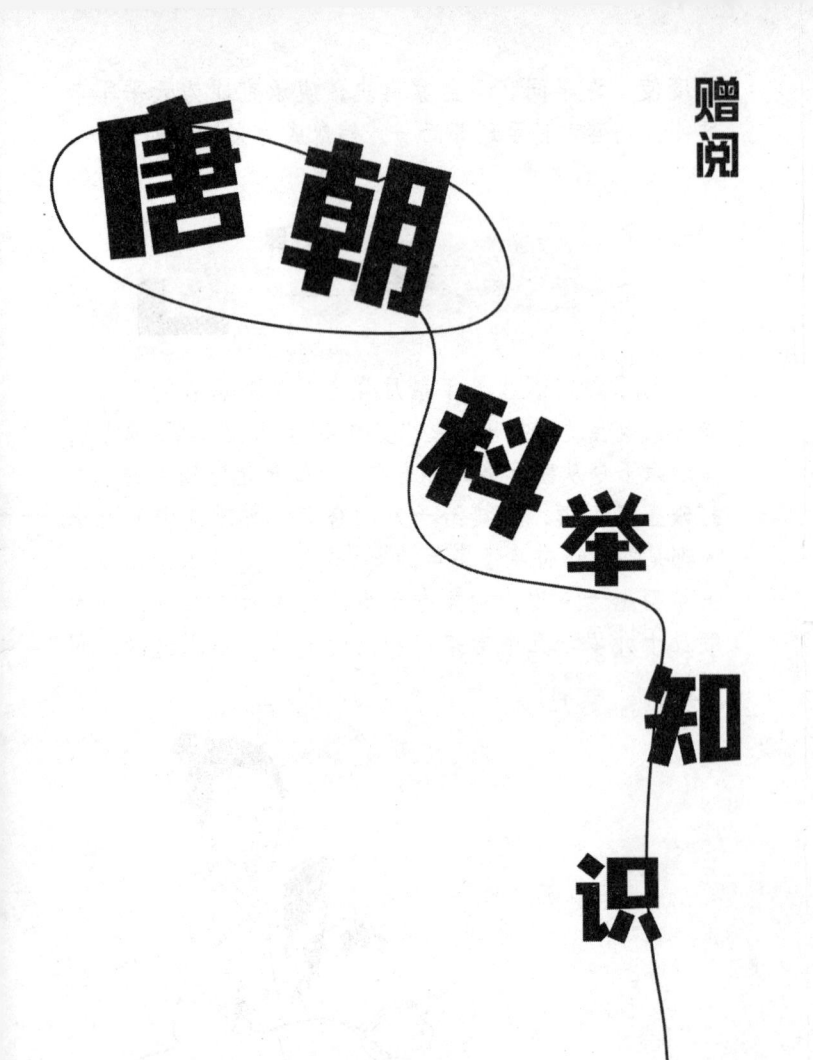

赠阅

诗赋不过关,考试没法嗨!
诗赋作得好,才能进科考!

考试原因

东汉末期,门第观念已经开始形成。魏晋南北朝时期,大官僚与豪门望族往往世代把持宰相、公卿级别的官职,大家相互举荐,官二代、官三代们都优先挑选好的职位,剩下的给自己的亲戚门人。这些豪门望族以门阀自称,叫作"士族""世族"等。他们世代累积起来的财产、土地数量惊人,在朝廷拥有实权,皇帝都要向他们赔笑脸,想干点事情也束手束脚的。

没有科举与考试,寒门子弟、平民百姓没有任何上升的通道,就算好不容易混进体制内,也是别人挑剩下的职位,想要往上爬,想都不要想,就算你才高十八斗也绝不可能进入权力中心。皇帝压根就见不到你,也不会知道你,就算知道,他也不敢用你。人才选举被门阀士族垄断,于是"上品无寒门,下品无世族",有才华的底层文人们都活得很痛苦。

隋文帝废除了维护门阀贵族地位的人才选拔考试制度——九品中正制,推出"志行修谨""清平干济"两科来选拔人才。

隋炀帝时,考试分为不同科目录取不同的人才,所以叫"科举"。可惜隋朝还没有来得及完善考试制度,就一命呜呼了。

唐朝的皇帝们将科举制度发扬光大,寒门子弟与平民百姓看到了希望。

科举一出,士族凉凉,只能穿越三生三世看祖宗辉煌;等到黄巢"满城尽带黄金甲",他们更是歌菜泪茫茫。

科举考试不仅是普通人的希望,也是皇帝们非暴力夺权的最好手段。

考试开始

唐高祖总结历朝历代尤其是隋朝的人才考试制度,于武德四年(621)颁发诏令:"诸州学士及早有明经及秀才、俊士、进士,明于理体,为乡里所称者,委本县考试,州长重复,取其合格,每年十月随物入贡",科举最低一级的考试开始形成。

武德五年(622年),唐朝的诏书明确了士人可以"投牒自应",中下层寒门子弟不用像以前那样需要被人举荐才能参加考试,自己报名就可以,科举向全社会开放。魏晋南北朝以来,长期被压抑的寒门子弟们在迷茫之中看到了最亮的星星。

考试分类

唐代的科举分为常举和制举(临时考试)两类。前者好比期中、期末等综合考试,定时组织;后者好比临时性的考试,偶尔组织,皇帝心血来潮举办一次。

常举设置了进士科、明经(通晓儒家经典)科、秀才科(不是明清时期的秀才,因为超级难考,录取率超低,唐高宗时期被废除了)、明法科(法律人才)、明算科(数学人才)、明字科(文字人才)、医科、一史、三史(史学人才)等多种考试,每年固定时间、固定地点开考。

制举大多是皇帝临时起意而组织的考试,没有功名的寒门子弟、坚守基层的公务员、科举出身或其他出身而暂时没有得到官职的人,都可以参加。时间、科目、名字都不固定,皇帝说什么就是什么,志烈秋霜科、武足安边科、才膺管乐科、博学宏词科等等。制举考试类似宋朝以后的殿试,成绩突出的人马上入编任职,不需要再参加吏部的考试。

唐朝制举总共有一百多个科目,主要科目有四个:贤良方正能直言极谏科、博通坟典达于教化科、军谋宏远堪任将帅科、详明政术可以理人科。制举主要是选拔有见识的高级政治人才,通常只考策问,类似现在公务员考试中的申论,以皇帝名义提出时事政治方面存在的问题,考生写出相应的对策和解决方案。录取率极低,约为1%,但是,也出现了考试"达人"。唐高宗上元二年(675),张鷟考中进士后,又连续参加七次制举,全部命中,被称为百选百中的"青钱学士"。

考试科目

进士、明经两科的考生最多,进士科一开始只考策问客人您从哪里来啊？

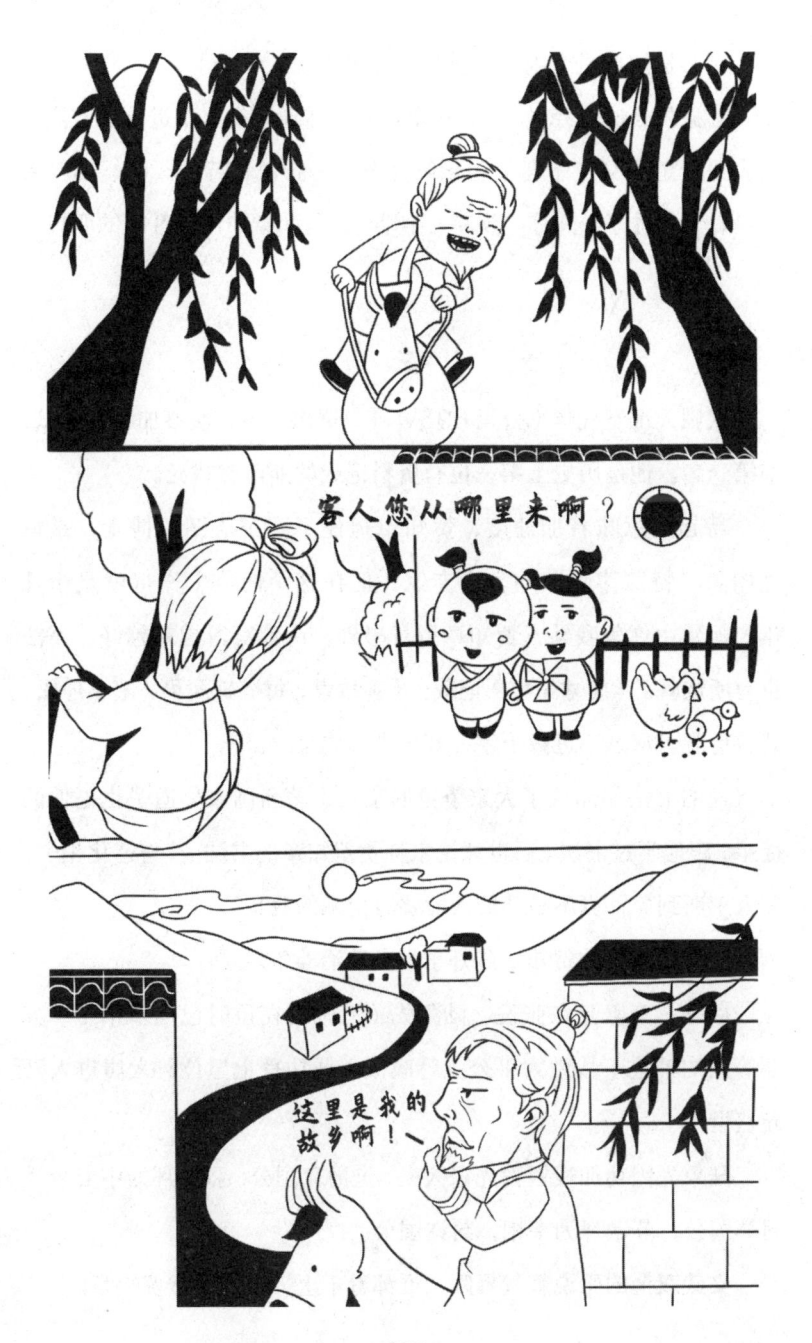

这里是我的故乡啊！

想必贺知章是个内心丰富且谈吐风趣的人。

陆象先当时已经做官,贺知章打开了普通人很难挤进的朋友圈,经表哥介绍,又交了两个重量级好友——张说和苏颋。张、苏二人都是有名的才子,并称"燕许大手笔",是朝堂中冉冉升起的明星。

三

武则天证圣元年(公元695年),贺知章第一次参加科举考试,中第一名。他是历史上第一位有资料记载的浙江省状元。

高起点意味着加速度,贺知章担任了国子监四门博士,是享受国家"特殊津贴"的教育专家,他在这个岗位上一待就是十几年。朝廷中你争我斗,贺知章置身事外,诗歌写得越来越好,书法也有所成就。《唐才子传》记载:"善草隶,每醉辄属词,笔不停辍,咸有可观。每纸不过数十字,好事者共传宝之。"

他的书法作品成了大家争抢的宝贝,著名画家吴道子也是他的徒弟,跟他学过书法。后世评论家称赞贺知章的书法:"与造化相争,非人工所到。"真不是凡间人能够写出来的啊!

耐得住寂寞的贺知章避开了很多政治斗争。

后来,李隆基在张说、陆象先(武则天在位时已任宰相)、苏颋等人的辅佐下战胜太平公主等政敌,成功登上皇位,大唐进入开元盛世。

陆象先因功加授银青光禄大夫,进爵兖国公;张说拜为中书令,封燕国公;苏颋拜为宰相,封许国公。

文武双全的张说脾气暴躁,谁都看不上,唯独欣赏贺知章。

贺知章在国子监待了将近二十年，开元元年（公元713年），他终于在众多实力派朋友的举荐下升为太常博士。太常是掌宗庙礼仪的官，地位崇高。太常配备太常寺卿、少卿、丞各一人，博士四人，主簿、协律郎、奉礼郎、太祝各一人。贺知章的职位不高，是博士。

皇帝身边的红人张说奉皇帝命令主持一项大工程——整理典籍和修编图书。他第一时间就想到贺知章，把他拉入丽正院中修书。当时唐玄宗设丽正院，负责编修图书、研究礼仪、讲学培训，类似于皇家智囊团，皇帝和太子都常来听课。

这个时期的贺知章和同事们除了埋头修书，就是吟诗作赋，生活过得很滋润。

贺知章并未得意忘形，他并不认为会写两首诗就能治国平天下。他深入研究礼仪制度、儒家经典。每次唐玄宗问起典籍和礼仪相关的问题，贺知章都能对答如流。

之后，贺知章被升为太常少卿，成了太常的副长官。而且很快，他就迎来了表现的机会——封禅大典。

封禅分为两个部分：封就是在泰山顶上用山土筑成圆形的天坛来祭祀天帝，等于把泰山增高，与天同齐，向天帝报告太平；禅就是在泰山脚下用土筑成方形的地坛来祭祀地神，等于把地增厚，与地同宽，向地神报告政绩。历史上举行过封禅大典的皇帝屈指可数，封禅乃是一等一的大事。

贺知章作为掌管仪式的官员自然要安排好每一个细节，他跟张说等人前后策划了大半年，顺利完成了整套程序。他还为封禅大典作诗，贺知章流传下来的诗歌不多，七首封禅诗就占了三分之一。

四

封禅结束后,唐玄宗与众大臣把酒言欢,将丽正院改名为集贤院,编书人统称集贤院学士,然后大加赏赐。贺知章被提拔为礼部侍郎,兼任集贤院学士。

此时的贺知章已经六十多岁,因为他欲望低、性格好、知识多,被选为太子右庶子,成了太子的老师。

张说、陆象先等人的仕途走得起起伏伏,贺知章的仕途则走得很平稳,他不冒进,也不贪功,并且始终保持着一颗纯真的心,否则写不出《咏柳》:

碧玉妆成一树高,万条垂下绿丝绦。
不知细叶谁裁出,二月春风似剪刀。

白发苍苍的贺知章曾经还闹出了一个小笑话。唐玄宗的弟弟岐王四十岁就去世了,按当时的规定,皇子出殡,需要有人一边牵引棺材,一边唱挽歌,这样的人叫挽郎。在唐朝,大家争破头去抢这个看似不吉利的工作,这是为什么呢?

因为丧事完毕以后,挽郎的档案会被移交到吏部,就有了做官的资格。唱首挽歌就等于中进士,这样的好事谁不挤破头上?

这个岗位竞争激烈,招聘条件也十分严格:应聘者必须在十三岁到二十岁之间,而且必须是各级官员家的子弟。

这次,主持招人的是贺知章。僧多粥少,官员们、朋友们都来向他说情，争取挽郎名额。

　　结果，贺知章没法让人人满意，弄得"取舍不平"。那些贵族子弟平时嚣张跋扈惯了，聚在一起非得讨个说法，他们围住礼部大院喊："姓贺的，赶快出来！"

　　年迈的贺知章想了想，让属下搬来一把梯子，颤颤巍巍地爬上墙头，扯着嗓子喊道："孩子们，回去吧！"

　　这帮"混世魔王"怎么可能轻易散去，他们不依不饶地喊："不行，出来说话！"

　　也许是急昏了头，贺知章说出了可能是他一生中最后悔说过的话："大家都快散了吧，听说宁王的身体也不太好了！"

　　言外之意就是，宁王也快不行了，大家还有机会呢！

　　这不诅咒王爷死吗？宁王听了心跳加速，皇帝听了雷霆万钧！

　　"贺知章爬墙头咒宁王"迅速登上京城"新闻头条"。皇帝很生气，堂堂的礼部二把手，居然说出如此不知轻重的话，成何体统？

　　不过念在他悉心教导太子和年纪大的分儿上，唐玄宗只让贺知章平级调动，担任工部侍郎。

　　此事已经铸成，贺知章也释然了，他依旧坦然自若，不为人言所动。

　　皇帝看到了贺知章的优点，总是那么从容淡定，教导太子最好不过，于是又开始重用他。晚年贺知章的"名片"上主要有三个头衔：太子宾客（太子东宫属官，负责教导太子）、银青光禄大夫（虚职，从三品）、秘书监（皇家图书馆馆长）。人们尊称他"贺监"。

大家别急。 听说宁王身体也不太好了。

五

李白来到京城长安,住在小旅馆里。他带着诗,求贺大人欣赏。

一首《蜀道难》令八十多岁的贺知章惊呆了:"好诗,好诗,你是被贬到凡间的神仙吗?"从此李白有了"诗仙"的称号。

一天黄昏时分,晚霞铺满地面,青石街道向晚,贺知章对李白说:"走,小兄弟,我们去喝酒。"

"好啊,好啊!"李白兴奋不已。

喝着喝着,两人发现都没带钱,怎么办?

"来,店家,拿这个抵我今天的酒钱!"微醺的贺知章解下腰间的金龟袋(三品以上官员才能佩戴的饰品)。

一向洒脱的李白都慌了:"使不得,使不得,这是您身份的象征,怎能拿来换酒?"

"嘿,没关系,喝就要喝个痛痛快快!"贺知章早已坦然,他岁数很大了,但阎王爷好像把他遗忘在风都不知道的角落,陆象先、张说等一堆好哥们都不在了,朝廷风清气正的氛围也没了,他也活够了,该走了。他上疏请求退休回老家,在安静、潇洒中走完一生,享年八十六岁。贺知章在古代属于极为长寿的人。

李白写下《对酒忆贺监》来怀念这位忘年交:

四明有狂客,风流贺季真。
长安一相见,呼我谪仙人。
昔好杯中物,翻为松下尘。
金龟换酒处,却忆泪沾巾。

孟浩然·想出去工作，却不想烦神

一

在依山傍水的襄阳城，有一个平凡的男孩子，他没有所谓的神童光环，也没有特殊的际遇。好在他的家条件还不错，吃喝不愁，也不缺书读。在读书的同时，他还顺便上了个武术兴趣班，学习剑术，比普通文人又多了一分英气。

二十岁的时候，他游览家乡附近的鹿门山，见山间云雾缭绕，桂花飘香，虫鸟欢叫，他震惊了，被大自然折服了。他想，世上竟有如此美丽的地方！如果在这里隐居该多好！东汉末年的高人庞德、三国时期的诸葛亮都曾在这一带隐居过。

他回到家，用五言诗写下游记——《登鹿门山》：

清晓因兴来，乘流越江岘。
沙禽近方识，浦树遥莫辨。
渐至鹿门山，山明翠微浅。

岩潭多屈曲，舟楫屡回转。
昔闻庞德公，采药遂不返。
金涧饵芝术，石床卧苔藓。
纷吾感耆旧，结揽事攀践。
隐迹今尚存，高风邈已远。
白云何时去，丹桂空偃蹇。
探讨意未穷，回艇夕阳晚。

怀着兴致，乘着小船，潭水弯弯，灵芝满岸。试问厚厚的苔藓上是否还留有高人的遗迹？白云飘飘，丹桂妖娆，美丽的夕阳中依然留着我未尽的情怀。

一种独特的诗风从襄阳城吹来，假以时日，孟浩然的时代必将来临。

年轻的孟浩然把隐居的想法告诉了好朋友张子容，两人一拍即合，卷起铺盖，搭起茅屋，一同隐居在鹿门山，说不定他们就成了卢藏用，被朝廷征召了呢！

朝廷直接从民间招聘隐士、名人和学者到京城做官的方式，有个专业的称呼叫征召，在汉朝尤其东汉盛行。皇帝征召聘用社会知名人士到中央担任官职，称为"征"或"特诏"，给个"顾问"（博士）的虚职，也可能给个权力比较大的实职。这种招聘不用考试，难度却非常大。你不仅得有本事，还要会包装，懂营销和策划，搞得声名鹊起，起个"卧龙""凤雏"的外号，政府知道你了，皇帝也晓得你了，再把你请出来做官。但是，如果没真本领，试用一段时间后，发现你乃欺世盗名之徒，不仅名声被毁，脑袋也可能被削掉。征召属于双向选择，你可以直接或者委婉地拒绝，皇帝也不能阻拦发怒，来去自由。这些拒绝做官的人，有的不想做官，也有的对官位不满意，想通过拒绝提高名气：你们看，皇帝、官府争着聘用我，我都懒得去！皇帝也赢得重用贤才的美好名声：看看，我是个重用人才的领导，跟着我，有前途！能被皇帝征召的人一般年纪比较大，德高望重，品行端正，学识丰富，在民间与文人中间拥有众多的粉丝，拉拢他们，能给天下人树立良好的导向：你们看好了，国家不会忘记这些有品德、有节操、有学识的人，你们只要向他们学习，要面子有面子，要地位有地位，要官位有官位。征召是一种不战而屈人之兵的统治艺术，让大家知道应该向什么样的人看齐。虽然没有考试，却比考试更难。不过，自从有了科举制度，征召就失去市场了，大家都争相献诗、参加科举考试，皇帝也就不费这劲儿来征召了。

张子容看着家乡的年轻人都出去求前途了，便也待不住了，他决定和大家一起去参加科举考试。孟浩然理解朋友的想法，他作诗一首，送别好友——《送张子容进士赴举》：

夕曛山照灭，送客出柴门。
惆怅野中别，殷勤岐路言。
茂林予偃息，乔木尔飞翻。
无使谷风诮，须令友道存。

孟浩然是个很率真的人，送别好友时还不忘叮嘱："兄弟，此番出山，千万不要让世俗中那些乌七八糟的事影响了我们之间的感情啊！"

送走朋友后，孟浩然也坐不住了。鹿门山不比终南山，他也有年轻人的冲劲，若想要建功立业，看来必须要主动出击，先打响名气，再参加科举考试。

他挥一挥手，告别鹿门山。

孟浩然下山后四处结交朋友，时常向名流们进献诗歌，也许因为小镇青年的身份，也许因为清淡无痕的诗风，他始终没能打开市场。虽然他认识大诗人李白，可李白还泥菩萨过河——自身难保呢。

二

时间过得飞快，孟浩然从青年变成了大叔，他再也憋不住了，难道没人推荐就不能参加考试了吗？难道天下就没人赏识我了吗？他收拾好包袱，向长安进发！

三十九岁的孟浩然第一次参加考试，不出意料，他落榜了。

孟浩然流落长安街头，想起故乡的云朵，在这里等明年再考，还是重新归隐鹿门山？万一明年又考不上呢？京城的消费水平这么高，带来的盘缠够不够？京城的贵人这么多，懂他的知心人有没有？好纠结啊！他想起好朋友远上人法师，提笔写下《秦中感秋寄远上人》：

一丘常欲卧，三径苦无资。
北土非吾愿，东林怀我师。
黄金燃桂尽，壮志逐年衰。
日夕凉风至，闻蝉但益悲。

我本想隐居山林，却没钱修建庭院。留在长安不是我的志愿，我向往您所在的寺院。如今盘缠消耗干净，壮志消磨殆尽，凉风吹起，蝉声哀鸣，唉！

一分钱难倒英雄汉，一次考试苦了孟浩然。当老天给你关禁闭的时候，也会给你留一扇小窗户透透光。京城名流贵人众多，总会有人看上你。这不，孟浩然的诗被王维看上了，两个人还成了无话不谈的好朋友。

老孟进入了老王华丽的朋友圈。

有个传说，王维将孟浩然带到宫中办公场所，两人正聊得起劲，忽然听到皇帝驾临，孟浩然吓得躲在桌子底下，也有说躲在床底下。王维却不敢隐瞒，如实报告。唐玄宗一听，来了兴致，笑道："你说的那个小孟啊，朕听说过啊，让他出来吧，别害怕。"

孟浩然从桌子底下爬出来，见到皇帝慌慌张张的。唐玄宗予以亲切的慰问："你能吟一首自己作的诗吗？"孟浩然脑子短路，吟出"不才明主弃，多病故人疏"的诗句，皇帝的脸由白里透红变成了黑中带怒，心想：你自己不认真准备考试，反过来怪朕抛弃你？

王维和孟浩然惊恐地看着唐玄宗离去的背影。

这个故事存在两个明显的漏洞：一是孟浩然跟王维相识的时候，王维刚从地方卸任小官，隐居山中，自己都发愁如何再就业，怎么可能有机会帮孟浩然引见皇帝？二是孟浩然此刻已经是个快四十岁的男人了，怎么会躲到床底下？唐朝诗人们并不是躲在书房里的呆子，行卷的过程中也见多了世面，岂会如此慌张？

往往故事越离奇，人们越喜欢听，娱乐八卦远比社会新闻传得快。

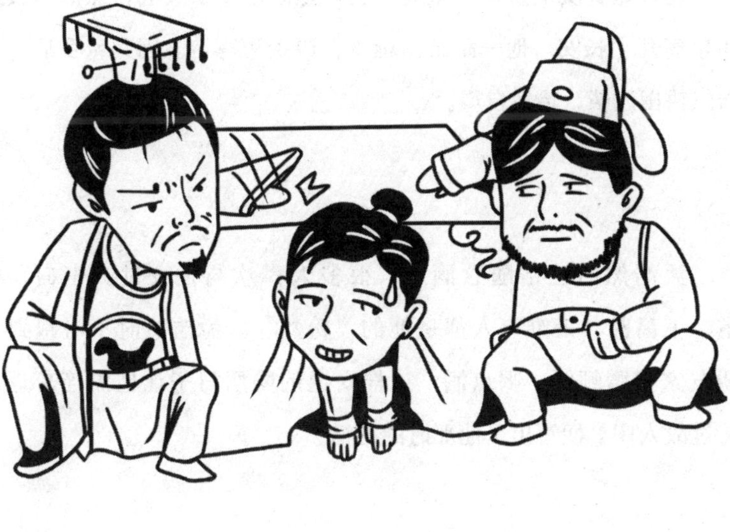

当时还在下岗待就业的王维很推崇孟浩然,他凭着自己在文人中的影响力,帮助孟浩然在京城打开了名气。王维曾亲自为孟浩然画像,并带着他到处赴饭局,参加"文学沙龙"。据说,在一次太学聚会中,大家提议搞个诗歌创作比赛。跟着王维来的孟浩然写出了"微云淡河汉,疏雨滴梧桐"的佳句,成功让在场的人记住了他。孟浩然考场失意,诗场得意,成了山水田园诗派的代表人物。

也许是长安消费水平太高,也许是想念乡亲父老,孟浩然最终还是离开了长安。他一路游山玩水,边走边写诗。回到家乡后,孟浩然耕田砍柴,怡然自得。

三

孟浩然的性格随意洒脱,很多人喜欢与他交往。李白、杜甫、王昌龄、王维等人都是他的"粉丝"。孟浩然时不时跑到老朋友家里蹭顿饭、喝点酒,这样安逸的隐居日子让他流连忘返。《过故人庄》便写出了他那时的心情:

故人具鸡黍,邀我至田家。
绿树村边合,青山郭外斜。
开轩面场圃,把酒话桑麻。
待到重阳日,还来就菊花。

端着酒,赏菊花,谈人生,聊理想。

可即使神仙也有烦恼,过日子得要钱哪。孟浩然隐居一段时间后,又前往长安求官,只是这一次不同以往,他俨然是"文坛明星"了。

孟浩然献诗给宰相张九龄——《望洞庭湖赠张丞相》。至于他是怎么认识张九龄的,史书中没有明确记载,十有八九也是王维介绍的。

可惜那句著名的"气蒸云梦泽,波撼岳阳城"并没有给孟浩然带来官运。孟浩然第二次求官失败,他没有继续留在京城,依然选择归隐襄阳。

当时襄州刺史是韩朝宗。韩朝宗非常喜欢孟浩然的诗,想大力推荐他,于是邀请他来参加自己举办的宴会。

孟浩然没有多想,随口答应了。

到了约定的那天,几个好朋友从远方来看望孟浩然,孟浩然热情招待。有人提醒孟浩然:"你与韩大人有约在先,不准时赴韩大人的宴会,恐怕不合适吧?"

"有朋自远方来,不亦乐乎?我们现在正尽兴呢,管不了那么多了!哈哈!"

孟浩然长期隐居,脱离社会,做事全凭自己的真性情,加上屡次求官失败,他早已心灰意冷。宰相张九龄都无法推荐我,你一个区区刺史有那么大本事吗?

此事过后,高官权贵们不愿意再推荐孟浩然,他也太任性了!

孟浩然朋友遍天下,经常被人邀请去做客。当李白得知孟浩然要去广陵时,就托人带信:"孟老大,我们江夏(今武汉市武昌区)见,叙叙旧!"

老友见面,分外开心。离别时,李白拉着孟浩然的手,不舍得走,写下了《黄鹤楼送孟浩然之广陵》:

故人西辞黄鹤楼,烟花三月下扬州。
孤帆远影碧空尽,惟见长江天际流。

四

一辈子清高孤傲的"诗仙"李白在孟浩然面前始终一副"粉丝"的样子。

玩累了,又有点空虚,孟浩然想找点事情做。

当时张九龄被李林甫陷害,从中央贬到地方,担任荆州长史,他想起孟浩然的老家就在附近,想让孟浩然帮自己做参谋。

孟浩然欣然答应,到荆州做了张九龄的幕府,做着做着,又没劲了!官府的空气并不自由。反正他现在不愁吃喝,干脆"裸辞"了!

这次回到襄阳后,孟浩然染上了背疽,只好安心在家休养。

原本孟浩然的背疽已经治得差不多了,大名鼎鼎的王昌龄来到襄阳拜访他,孟浩然非常高兴,准备好酒菜,要和王昌龄一醉方休!

"来,这是我们襄阳名菜'查头鳊'(鳊鱼),味道很不错,你尝尝!"

"听说您大病初愈,查头鳊属于发物,能吃吗?"王昌龄不无担心地说。

"嘿,没事,我都好了。再说啦,人生得意须尽欢,此等美食,岂能错过?"

向来随性的孟浩然早把郎中的嘱咐抛到九霄云外,吃完这顿饭后,很快毒疮发作,五十二岁的孟浩然与世长辞,永远地离开了。

随性而为、不喜拘束,让他纵情山水;粮草不济、渴望建功,

吾爱孟夫子，
　风流天下闻。

又催他走出书斋。孟浩然始终在入世和归隐中徘徊。豪侠的性格让他的朋友圈星光璀璨,他不在江湖,但到处都是他的传说。

五

有人可能会问,为什么孟浩然非得去参加进士科考试呢?因为古代读书人不去考试,就没有工作,没工作意味着没收入。

难道没有其他考试了吗?有,但不是诗人们的菜!

唐代的科举分为常举和制举两类。前者好比期中、期末等综合考试,是定期组织的;后者好比临时性的考试,皇帝心血来潮偶尔组织一次。常举设置了进士科、明经科(通晓儒家经典)、明法科(法律人才)、明算科(数学人才)、明字科(文字人才)、医科等多种考试,每年在固定的时间、固定的地点考试。进士、明经两科的考生最多。进士科一开始只考策问,相当于时事政治论述题,后来加上帖经(相当于填空题,考察考生对儒家经典的背诵、理解能力)和杂文(指诗、赋、箴、铭、颂、表、议、论之类)。到了唐玄宗天宝年间,杂文变成了纯粹的诗赋题。

皇帝一对比,诗赋写得好,创新少不了,大唐急需这样的人才啊!于是杂文题也就是诗赋写作题占的分数越来越高,成为进士科考试的重点。尤其唐朝中期以后,第一场考试就是诗赋,第二场是帖经,第三场是策问,逐场定去留。第一场最重要,诗赋作得好,才能进科考。真正造就唐朝诗歌繁荣的是考试制度,因为要考试,要行卷,所以文人划重点、勤练习,拼命写诗增强应试能力,官员也认真读书提高鉴别水平。

明经科考试侧重儒家经典的背诵，考试方式是帖经、墨义（对经文的字句做简单的解释）和口试（口头解释典籍中的内容和读书心得）。社会上流行一种说法："三十老明经，五十少进士。"意思是三十岁考中明经就算晚的了。其他科目如明法科、明字科、明算科、史科等，录取的人才具有一定的专业性，录取名额极少，做高官的几率很小，受不到社会的普遍重视。进士科录取数量约为考生的1%—2%，明经科为1/10—1/5，其他科目基本忽略不计。有人可能不理解，诗人们为什么不去考明经科、明法科什么的，非要考进士科呢？

首先，这是一个社会热门的选择：进士科相当于顶级名牌大学的顶级专业，在文人心目中的地位特别高，录取之后受到的闪光灯也最多。诗人张籍曾说："二十八人初上牒，百千万里尽传名。"

皇帝与高官们都非常关注进士科出身的人，提拔时也优先考虑这些人。进士相当于文人身上的顶级奢侈品，绝对的身份象征。大诗人元稹通过明经科进入官场，即使后来名闻天下、位居宰相，依然因为非科班出身而感觉没面子。明经科录取人数多，但属于考场鄙视链的底端，成为中高层官员的机会少。

其次，客观条件影响：进士科虽然难考，但它的录取名额也不少，如果要考明经科，家里要有很多经书，从小就必须熟读背诵，对于贫寒子弟来说，哪有这样的条件？唐朝虽然出现了雕版印刷，但这种印刷技术极费时间与人工，一本书要雕刻好多年，主要印刷佛经、医书等官府急需的书。普通人能搞到一本儒家经书就谢天谢地了，何况好多本？贫寒子弟既要干活填饱肚子，又没有那么多书可以读，只能选择录取率相对较高的进士科。写诗比明经、明法等更容易出名，即使考不上，也有被人推荐进中央、官府或军队做幕僚、参谋的机会。唐朝科举考完以后并不是马上就安排你做官，还得在家守选（等候编制），进士科守选时间为三年，明经科守选时间一般是七年，其他科目也要等七八年，贫寒子弟哪能等得起？

最后，大众娱乐需要：在唐朝，从皇帝到达官贵人，都喜欢没事吟两句诗歌，显得高雅有情调，不可能喝酒的时候说："来，背一篇儒家经文劝劝酒；来，解释下法律条文助助兴。"

民间歌女们唱歌也需要歌词，大家对音乐和诗歌的需求暴涨。就算考不上科举，吟诗作赋也能帮文人提升名气，谋个差事混口饭吃。

读到这里，你是不是会感叹："唐朝诗人们咋就活得这么累？"的确，大唐的诗人们把骨感的现实留给了自己，把丰满的理想留给了后人。

晁衡·唐朝老外的快乐生活

一

他头发散乱,衣服破烂,面容如僵尸般,有气无力地敲着一座宅子的大门。"吱呀"一声,门被打开,仆人带着惊恐的眼神后退了几步,张大了嘴巴望着眼前的人:"啊!您不是死了吗?"

"别害怕,我没死,赶紧准备吃的,我已经很多天没好好吃饭了。"

"好,好。快来人,主人回来了!"仆人一边擦眼泪,一边叫道。

吃完饭,洗完澡,他来到会客厅,看到桌子上摆着一首诗,是好友李白亲笔书写的——《哭晁卿衡》:

日本晁卿辞帝都,征帆一片绕蓬壶。
明月不归沉碧海,白云愁色满苍梧。

我的日本好朋友晁衡兄弟啊,你辞别长安回家乡,乘着一片风帆远去东方,漂过蓬莱方壶(传说东海上神仙居住的地方)。现在却一去不归,像明月沉入碧海,白云也带着哀愁笼罩着青山。

他是晁衡,一个日本人。看着李白的诗歌,他这才从海难的阴影中挣脱出来。

回个国咋这么难?

此时李白已经没了官身,离开京城。晁衡作了一首《望乡》送给他,顺便报个平安:

卅年长安住,归不到蓬壶。
一片望乡情,尽付水天处。
魂兮归来了,感君痛苦吾。
我更为君哭,不得长安住。

二

晁衡原名阿倍仲麻吕,公元698年出生在日本奈良附近的一个贵族家庭,父亲在日本政府中任中务大辅。虽然身在日本,阿倍仲麻吕却酷爱汉文化。大唐文化繁荣,经济发达,百姓富裕,是周边国家百姓眼中的天堂。

长大后,阿倍仲麻吕决定要跨过重洋,去大唐见识一番。

公元717年,日本政府第八次组建遣唐团,十九岁的阿倍仲麻吕告诉老爸:"我要去!"

"大海波涛汹涌,随时可能丧命,你敢去吗?"

"敢!"阿倍仲麻吕的回答斩钉截铁。

阿倍仲麻吕踏上了遣唐船,这一刻,他的梦想启航了。

大唐! 我来了!

在船上,一个气质不凡的小伙子吸引了他,上前一聊天,小伙子的学识很超前。这个小伙子就是吉备真备。

到达洛阳城后,大唐皇帝李隆基为他们举行了热烈的欢迎仪式。阿倍仲麻吕觉得这一切辛苦都值得了。

他提出请求:"我想尽快办理入学手续!"

唐玄宗不小气,直接让他去了国子监。

阿倍仲麻吕等人就这样进入了唐朝的顶级学校国子监。当时长安因为人口增多导致粮食供应困难,玄宗跑到东都洛阳办公小住。后来长安开凿水路利用漕运,粮食得以稳定供应,玄宗才搬回去,国子监也因此分成了东监(洛阳)和西监(长安)两大校区。

国子监的"留学生"费用全免,包吃包住。阿倍仲麻吕一边埋头苦读一边游山玩水,繁荣的洛阳城让他开了眼界。他的同学兼好友储光羲的诗歌《洛中贻朝校书衡,朝即日本人也》中这样写:"万国朝天中,东隅道最长。吾生美无度,高驾仕春坊。出入蓬山里,逍遥伊水傍。"

繁华的街道,丰富的文化,奔放的诗人,多情的女子,大唐让他们着迷,无法自拔。阿倍仲麻吕做出一个重要决定:我不走了!从此改名为晁衡,字巨卿。

他要做个真正的唐朝人。

第一步,征战考场。不被科举蹂躏怎么能算唐朝文人?

晁衡以优秀的成绩通过国子监的毕业考试后,便马不停蹄地参加科举考试。他的勤奋得到了回报,首次参加科举考试就中举,成为日本留学生中唯一的进士,在众多外国人中脱颖而出。

第二步,进入官场。不在宦海中起伏怎么能深入了解大唐?

晁衡又通过吏部选拔考试，正式进入官僚队伍，担任洛阳司经校书（正九品下），负责整理典籍，这个工作既可以按时拿到工资，又可以免费读好书。因为学识渊博，还是外国人，晁衡很快便升任左春坊司经局校书郎（正九品下，类似太子东宫图书馆的副科级干部），这个职位品阶不高，但是收入高、地位高，主要工作就是陪太子读书学习，顺便整理各类图书。他能接触到各种民间看不到的珍贵书籍，在活字印刷术还没被发明的唐朝，家里有书，堪比有矿。《通典》中记载，大唐弘文、崇文馆，著作、司经局并有校书郎，皆为美职。都是令人垂涎欲滴的好工作啊！读读书，讲讲课，装装腔，等着提拔进中央。

一年后，晁衡升任左拾遗（从八品上），属门下省，跟担任右拾遗的王维成了好友，两人经常游山玩水，吟诗作赋。又过了一年，他升任门下省左补阙（从七品上），成了皇帝身边的"助理"，官不算大，却是皇帝的近臣。

聪明低调的晁衡经过多个岗位的历练，在天宝十一载（公元752年），升任秘书省长官——秘书监（从三品），这是文人们做梦都想要的职位。这一年，他五十四岁，已经在唐朝生活了三十五年。

三

年纪大了，就会想家，虽然在这里他拥有顶级的朋友圈：李白、王维、储光羲、赵晔（骅）、包佶……虽然这里有稀奇的娱乐项目：蒸青散茶（抹茶）、浪漫樱花、相扑表演（后传入日本）……虽然这里有绚烂文化：诗歌、唐三彩、书法、敦煌画、霓裳羽衣舞……可是父母还在大海的那一头,他们现在身体怎样?精神面貌如何?多想再摸摸妈妈那双温暖的手,吃一碗她亲自做的拉面!晁衡曾经请求回国,唐玄宗极力挽留:"阿衡,别走了,大唐多好啊!难道是朕对你不够好?"唉,皇帝金口一开,谁敢再提起?他只能写首诗感叹:"慕义名空在,轮忠孝不全。报恩无有日,归国定何年?"

年底,以藤原清河大使为首的日本第十一次遣唐使到达长安,副使是吉备真备,这让晁衡再次生出回乡的念头。

这一次,说什么也得回去看看!

唐玄宗念及晁衡父母年迈,终于答应了。

消息传开,长安城找他道别的诗人一拨接一拨地上门。

王维那首《送秘书晁监还日本国》最为深情:

积水不可极,安知沧海东。
九州何处远,万里若乘空。
向国唯看日,归帆但信风。
鳌身映天黑,鱼眼射波红。
乡树扶桑外,主人孤岛中。
别离方异域,音信若为通。

晁衡老兄啊,从此我们相隔万里,我在海的这边,你在海的那边,天各一方,怎么才能互通音信呢?

晁衡提笔写下《衔命还国作》:

衔命将辞国,非才忝侍臣。

天中恋明主，海外忆慈亲。
伏奏违金阙，骎骖去玉津。
蓬莱乡路远，若木故园林。
西望怀恩日，东归感义辰。
平生一宝剑，留赠结交人。

"蓬莱乡路远，若木故园林"与王维的"乡树扶桑外，主人孤岛中"相呼应，"蓬莱"指日本。长安也是我的故乡，这里有明主唐玄宗，有众多好友，这份恩情永世不忘，但是我也很想念我年迈的父母，如今东归故乡，留下一把宝剑，赠送给好友。

四

六月份，遣唐使团从长安出发，他们还要去扬州见一位重量级人物——鉴真和尚。

五次东渡日本的鉴真和尚已经双目失明，晁衡等人回乡的契机再一次燃起了鉴真内心的星星之火，无论如何，他要东渡日本宣扬佛法，普度众生。鉴于大海的无情与凶险，遣唐使藤原清河等人做了周密部署，将使团分成四个小队，乘坐不同的船，浩浩荡荡地扬帆起航。

船队进入阿儿奈波（今冲绳岛）的时候，遇到一次大风暴，藤原清河大使和晁衡所乘的第一艘船触礁，与其他三艘船失去联系。五次东渡失败的鉴真成功登陆日本，而晁衡音讯全无。

大家都以为他死了。消息传到长安，他的朋友们陷入悲痛，李白提笔写下《哭晁卿衡》。

可是，命运跟晁衡开了个玩笑：你的家在你梦想开启的地方，回去吧。

经过长时间的奇幻漂流，晁衡再次踏上唐朝土地，回到了京城长安。从此，这里便是他永远的家了。

同年十一月，安禄山发动叛乱，唐玄宗仓皇出逃，晁衡忠心跟随皇帝。晁衡到唐肃宗至德二载（公元757年）十二月才重回长安。这时唐玄宗成了太上皇，唐肃宗依然重用他。

安史之乱使大量图书遭到破坏，望着苦心整理多年的书变得残破不堪，晁衡心痛不已，赶紧率领属下全力补救，救回了不少价值连城的书。

晁衡历任左散骑常侍、安南都护、安南节度使等重要职位，这些都是实权岗位，可见皇帝对他的信任。

晁衡流着日本的血，却有着中华的魂。因为政绩突出又忠于国家，他又升任光禄大夫兼御史中丞，封北海郡开国公。唐代宗大历五年（公元770年），七十三岁的晁衡在长安去世，朝廷追授他为潞州大都督。

仕途能走到这个地步的"留学生"，唐朝只有晁衡一人。

俺在大唐安家啦!

王维·哥当年也曾疯狂过

一

有一个年轻人,他不仅帅气,还有才华。他的爷爷是宫廷乐师,弹琴高手,老爸做过不大不小的官,母亲出身博陵崔氏家族——崔氏乃隋唐时代大名鼎鼎的豪门。他这样的人,似乎刚出生就拥有了一个美好的人生。

年轻人从山西来到首都,在京城长安买了"学区房",准备参加科举考试。别小看这个"学区房",这绝对是加分项。唐朝科举考试分为解试和省试两级:解试又叫乡试,是由州县举行的考试;省试是由尚书省组织的全国统一考试,考场设在礼部贡院。通过省试,才算中进士。"乡试"第一名叫"解元"或"解头","省试"第一名称"状头"或"状元"。

参加省试的考生主要有两种:一是"生徒",通过中央组织的毕业考试的公立学校的学生;二是"乡贡",通过乡试的人。然而在其他州县参加乡试和在长安京兆府参加乡试的效果完全不一样,因为京城的达官贵人太多了,他们的子女、亲戚怎么办?那就开开绿灯咯。

一般来说，通过京兆府乡试的人，在接下来的省试中会更容易些。

年轻人在长安买了"学区房"，就能直接在京兆府参加乡试。考试前，他还攀上了岐王（唐玄宗弟弟李隆范）的关系。

年轻人来到岐王家中，不巧岐王正在睡觉，年轻人只好在书房里等候。他看见桌子上笔墨纸砚摆得整整齐齐，灵光一闪，画了一幅奇石图。众所周知，岐王最爱终南山的奇石。

睡醒的岐王打着哈欠看到了桌上的画，惊叹道："啊呀，画得太好了，神形兼备，我都不用亲自到终南山欣赏石头了。"随后对着年轻人招呼道："小王，来，坐！听说你琴棋书画、诗词歌赋无一不精啊！厉害，厉害。"

"哪里，哪里。"

"你来见我有什么事吗？"

岐王凝视着年轻人的画，好像想起了什么。

"其实……其实就是想求您能给推荐下，我马上要参加科举考试了。"

"啊？既然要推荐，就得找个绝对重量级的人物，我不行，你这样的人才，不得第一名，岂不可惜？别急，别急，让我想想。"

岐王陷入沉思，看着年轻人帅气白净的脸，突然想到了什么，说："有了！你回去精心挑选几首好诗，再发挥下自己的音乐才能，编一首琵琶曲。曲子要哀怨凄婉、缠绵悱恻。"

年轻人似懂非懂地点点头。他搜肠刮肚，埋头创作，一首"神曲"横空出世。

二

不久,在岐王李隆范的引荐下,年轻人来到了玉真公主的府上。玉真公主是唐玄宗李隆基的亲妹妹,典型的"文艺青年",诗词歌赋、琴棋书画都爱好。她还特热衷于给皇帝推荐人才,李白就是她介绍给唐玄宗的。

"这是谁啊?"

玉真公主看到走进门来的帅小伙,眼睛都直了。

"他叫王维,带来一首亲自创作的音乐作品,要不要听听?"

"好啊,赶快弹!"

琴声缓缓流出,玉真公主的眼睛蒙眬了。

"此曲可有名?"

"《郁轮袍》。"

"好,好,好!"

音乐受到公主的认可后,王维拿出事先准备好的诗,恭敬地呈送给公主。

"好诗,好诗!"

岐王趁热打铁:"要不请小妹给他推荐一下?他人生地不熟,从山西来到京城参加科举考试,之前考过一次,居然落榜了。这样的人才不能为朝廷尽力,岂不是大唐的损失?"

"嗯!嗯!"

玉真公主频频点头,忽然又想起什么。

"可是我答应推荐张久皋(宰相张九龄的弟弟)了。我每年只推荐一个人,今年一次推荐两个人,不合适吧?再说第一名给谁呢?"

"哎哟，一个也是推，两个也是推，总不能让这样的年轻人再次落榜吧？"

在岐王的极力推荐下，公主尽心尽力地帮王维推荐了一番。

年轻的王维成了长安城的红人，王公贵族纷纷邀请他到府上做客，"大唐第一歌手"李龟年也成了他的忠实"粉丝"。

后来，王维顺利通过了进士科和吏部的选拔考试，当上了太乐丞，掌管皇家礼乐，负责宫廷里音乐舞蹈的教育管理工作，有闲、有钱、有自由。

王维很得意，他已然是年轻人中的翘楚。

三

可命运总是让人措手不及。王维手下的乐官不知出于什么原因，搞了个黄色的道具来表演舞狮。黄色乃是皇家专用的颜色，岂能随便使用？

忌妒王维的人落井下石，在皇帝耳边添油加醋地诋毁他。结果王维没做几天太乐丞，就被发配到山东济州当了个司仓参军（类似于粮草仓库管理员）。

人生竟有这样的大起大落。走到半途，心情郁闷的王维写下了《宿郑州》：

朝与周人辞，暮投郑人宿。
他乡绝俦侣，孤客亲童仆。
宛洛望不见，秋霖晦平陆。
田父草际归，村童雨中牧。

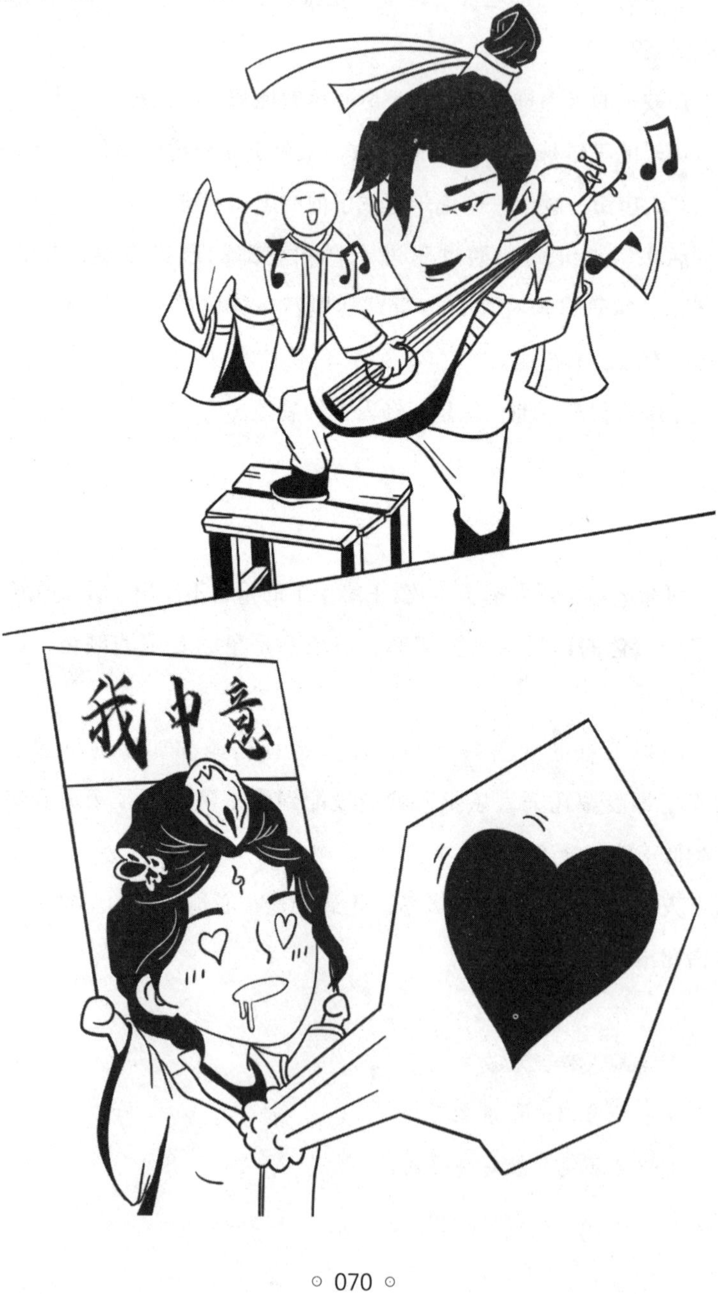
我中意

主人东皋上,时稼绕茅屋。
虫思机杼悲,雀喧禾黍熟。
明当渡京水,昨晚犹金谷。
此去欲何言,穷边徇微禄。

早上才离开洛阳,晚上就投宿郑州。唉,连个亲人都没有,只能跟仆人们在一起。让我再看看熟悉的地方和熟悉的人,庄稼、细雨、村童、老农,都是那么亲切,可此番离去,这一切都不属于我了,我只能到边远的地方挣点俸禄糊口了。

人总有那么一段时间,喝水都带着霉味,不幸的事情接二连三,王维的妻子裴氏因难产而死,胎儿也没能保住,这件事让他伤心欲绝。接着,好友孟浩然毒疮发作不幸去世,也深深地打击了他。

何以解忧?

痛苦的王维从佛法中寻求解脱,他过起了半官半隐居的生活,工作之外的他不接受别人的打扰。自宰相张九龄被李林甫排挤罢官以后,朝廷变得乌烟瘴气,王维干脆不在官场待了,请假回老家,过起了吃斋信佛的生活。他老家的宅子很豪华,光是扫地的仆人就有十多个,甚至有两个童子专门负责做扫帚。

在这里,王维写诗作画,弹琴作曲,创作了大量诗歌,著名的《山居秋暝》就写于此时:

空山新雨后,天气晚来秋。
明月松间照,清泉石上流。
竹喧归浣女,莲动下渔舟。

随意春芳歇，王孙自可留。

他原本想做一个佛系大神孤独终老，可惜命运又挠了他一下痒痒：大神，起床了！

四

安史之乱开始了，安禄山率军攻入长安城，唐玄宗仓皇出逃。当时王维已回京，并任给事中，不幸被叛军俘虏。像他这样的才子，任谁都想拉拢。安禄山要给他封官，王维左右为难，他就假装吃药，对外宣称自己得了病。

安禄山才不管他得了什么病，命人把王维软禁在庙里，强行给他安排了个官职，只拿俸禄不干事也行！

大老粗安禄山在东都洛阳广发英雄帖，大摆庆功宴，强迫大家到凝碧池参加宴会。王维装病未去，奋笔写下《凝碧池》：

万户伤心生野烟，百僚何日更朝天。
秋槐叶落空宫里，凝碧池头奏管弦。

唉，满地尸骸，荒凉萧条，他们却在凝碧池穷奢极欲地开宴会。可笑，可悲，什么时候才能朝见我的天子啊！

这首诗也救了他一命。

后来唐军相继收复长安、洛阳，王维和其他在安禄山时期做过官的人都被打入大狱，押到长安候审。皇帝向来对叛变的人不心慈手软。王维命好，他弟弟王缙因为参与平叛安史之乱立了大功，王缙请求朝廷将自己从官名册中除名，意味着永不录用，只求为哥哥王维赎罪。皇帝深受感动。

加上那首《凝碧池》，王维总算死里逃生，只被降职处理。

有心栽花花不开，无心插柳柳成荫。经过此事的王维仿佛悟到了官场的秘籍，升官的速度像坐在火箭上一样快，他做了尚书右丞。王维心中一直有个遗憾，对不起弟弟王缙。兄弟二人从小就感情深厚，王维曾写《九月九日忆山东兄弟》思念弟弟：

独在异乡为异客，每逢佳节倍思亲。
遥知兄弟登高处，遍插茱萸少一人。

后来，王维预感自己大限将至，写了一篇《责躬荐弟表》，请求朝廷削去自己的官职，放归田园，让王缙回到京师，希望弟弟重新得到启用。

兄弟情深，皇帝又批准了。

王维终于可以安心入土了。在生活富足、了无牵挂中去世，是多少人想做而又做不到的，王维做到了，不仅在于他有一定的家庭背景与物质基础，还在于自身的努力，在帅气的外表下，踏实地干着事情。

李白·"巨星"的惆怅与纠结

一

他记不清这是第几次写干谒文了——在成都,拜访益州长史苏廷页;在蜀中,献诗渝州长史李邕;在安州,干谒都督马正会;在岷山,找过广汉太守……

这些努力统统没有结果,人家根本不理他。这次我也注意极力称赞对方了啊,比起前几次的干谒诗,这次我写得谦虚又低调。为什么还是不行呢?为什么?

三十多岁的他望着长史大人的住宅,不停地反思过去:想我自幼学文习武,诗歌写得冠绝天下,刀剑耍得有模有样,游遍大千世界,懂得治国理政,你们这些凡夫俗子还有什么不满意的?

他忍不住感叹,从二十多岁离开家到现在,拜访无数权贵,总是被人拒之门外。唐朝诗人行卷的对象很重要,如果对方不喜欢你的写作风格和性格,献诗也是白献。

虽然他对外宣称不屑于参加科举考试,可谁又能理解他心中的痛苦?谁不想通过考试来展现才能、施展抱负?从小到大,他写律诗、作律赋,不就是为了让别人看到自己的能力吗?可是他却不能参加科举考试。

为什么？那得问问他的祖先，谁让他的名字叫李白。

从李白的作品中可以看到，他出身显赫，祖上乃名门望族，但他始终没有明确地将详细信息告知世人，其中必有难言之隐，至于为什么，历史资料中没有详细记载，我们只能从现存的史料中做一些推测。他的祖先因为种种原因，迁居到唐朝安西都护府碎叶城（今吉尔吉斯斯坦托克马克市附近），从事经商活动。李家积累了一定的财富之后，又从碎叶城搬到四川江油。他父亲隐姓埋名，特别低调，街坊邻居们不知如何称呼他，干脆叫他李客，外来客嘛。唐朝对避讳的规定非常严格，诗人李贺就因为犯了父亲的名讳而无法参加科举考试，而李白却在很多诗中都提到了"客"字，想必他父亲的真名不叫李客。

为什么李白一家人如此遮遮掩掩呢？史学界有一种观点认为，李白是玄武门之变中被杀害的皇子李建成的后代。他在文章中曾经提到"五世为庶"，顺序应该是：一世李建成，二世李承宗，三世李承宗之子，四世李客，五世李白。这也能解释他的祖先为什么要逃往碎叶城。

在李阳冰的《草堂集序》中，李白的身世另有一种说法：李白是西凉国武昭王李暠的九世孙，而唐朝皇帝也是李暠的后裔，这可能也是他在身世方面保持低调的原因。

无论如何，李白确实因为身世原因和商人子弟的身份参加不了科举考试，这让他很受伤。

祖先是谁，不能直说；商人子孙，不得参考。

二

李白"五岁诵六甲,十岁观百家","十五观奇书,作赋凌相如"。他从小衣食无忧,在吟诗作赋之外,还报了很多"兴趣班",例如剑术、口才(纵横术)等。他从小聪明,而且很刻苦。

这样的李白一辈子没参加过朝廷组织的考试,也许是他人生的一大遗憾。虽然不能参加科举,他却一直坚持学习科举考试的科目,长期训练格律诗赋的写作,走上了另外一条求官之路——荐举。在达官贵人或者文坛名流的推荐下,一个人不用通过科举也能被录用。被举荐做官虽然没有科举那么荣耀,好歹也能进入官僚队伍,实现宏图抱负。

跟很多唐朝诗人一样,二十六岁的李白自信"大鹏羽翼张,势欲摩穹昊",看我这只大鹏如何扶摇直上九万里!他带着沉甸甸的票子和热乎乎的梦想出发了。他游览祖国大好河山,结交四方英雄豪杰。他为人豪爽,散尽千金,在社会上有了名气。

外出不到一年的时间,他花了三十多万钱。根据当时的购买力,一斗粮食的平均价格大约二十至三十钱,一斤猪肉大约六百钱左右,一斗盐大约十钱左右,三十多万算得上一笔巨款。慢慢地,他的钱袋子空了,只能感叹"弹剑徒激昂,出门悲路穷"。

游侠不好当啊,好在他名气大,有才华。二十七岁的李白在安陆(今湖北省安陆市)游玩的时候,遇到一个女子——宰相许圉师的孙女许氏。两人情投意合,李白决定入赘许家,从此过上了比较舒适的生活。

他还继续着自己的求官之路。这一次，他拜访朝中大臣裴宽，送上干谒文章《上安州裴长史书》，先夸自己博学多闻、乐善好施、重情重义、品格高洁，然后再夸裴长史英俊潇洒、才华横溢、地位尊贵。裴宽皮笑肉不笑地说："你上来就大篇幅地夸自己，这是让我推荐你呢，还是让你提拔我呢？你不停唠叨治国平天下的宏伟抱负，可我这里只是地方政府。老兄，怎能装得下你？"

哪儿来回哪儿去吧！

虽然多次求官失败，李白依然抱有希望，荐举的路堵死了，还有皇帝征召，卢藏用那小子曾经用过这一招！

唐朝皇帝为了抬高自己的地位，追认道教创始人老子李耳为祖先，道教在唐朝得到飞速发展。唐玄宗信道教，两个妹妹西宁公主和玉真公主也出家做了道士。李白抓住重点，结交著名的道士元丹丘。两人相约隐居山林，一边钻研道家学说，一边准备终南捷径。李白转变思路，用道教作为敲门砖打开皇宫的大门。

在此期间，他还写下洋洋洒洒的《明堂赋》进献皇帝："四门启兮万国来，考休征兮进贤才。俨若皇居而作固，穷千祀兮悠哉！"他先用华丽的辞藻大赞开元盛世的雄伟气象，接着阐述自己的治国方略：管理国家就该像远古的贤帝一样，制定最好的政策，让百姓安居乐业。

好像说了很多，又好像什么都没说，这也是李白政治主张的缺陷。他的方针幻想多于现实，表述过于笼统，所以《明堂赋》石沉大海。

李白不放弃。

唐玄宗外出狩猎，李白又趁机献上《大猎赋》，可惜和《明堂赋》

一样，内容比较空洞，没得到皇帝的回应。

大约四十岁的时候，李白的妻子许氏逝世，他继续留在许家大院也不合适，便带着儿子和女儿前往东鲁（今山东省一带）投奔亲戚朋友。

在东鲁，李白寄人篱下，过得并不舒心。不过长期的交游不是没有收获，他的朋友都极力推荐他。元丹丘将李白写的《玉真仙人词》献给玉真公主：

玉真之仙人，时往太华峰。
清晨鸣天鼓，飙欻腾双龙。
弄电不辍手，行云本无踪。
几时入少室，王母应相逢。

这篇文章极力称赞公主殿下，说她很快能得道升仙，与王母娘娘握个手。公主很开心，记下了李白的名字。

担任京城卫尉的张卿也跟玉真公主提起了朋友李白。

玉真公主见李白确实是人才，便向唐玄宗推荐了他。唐玄宗拿起他的诗赋翻了又翻，惊叹世上竟有如此天才的诗人。

征召令一下，李白感动得眼泪哗哗，终于轮到我上场了！大风起兮云飞扬，一首《南陵别儿童入京》写出了他激动的心情，一句"仰天大笑出门去，我辈岂是蓬蒿人"彷佛让我们看到了那个意气风发的中年人。

三

来到长安后,唐玄宗以最高规格接待了李白。皇帝亲手调羹,亲切问候,让李白受宠若惊。

"你除了会写诗,还会干什么?"李白激动了,等的就是这句话!写诗只是雕虫小技,治国才算惊天动地。他大谈对时事政治的看法与见解。

唐玄宗是什么人?那是千年难遇的雄主,在他面前谈治理国家岂不是班门弄斧?他客气地点点头,没放在心上,只觉得李白天真可爱,比身边那些老油子可爱多了,留下来吧。

李白进入了翰林院(安置文学、经术、卜、医、僧道、书画、弈棋人才的机构,在当时并非正式官府),主要工作就是给皇帝写诗作赋,陪他游玩。这份工作很轻松,待遇不错,李白要抓住机会好好表现。

唐玄宗在宫中玩耍,李白就写《宫中行乐词》;唐玄宗与贵妃赏花,李白又写《清平调》。李白的诗辞藻华丽,想象力丰富,点缀着唐玄宗多姿多彩的生活。

时间长了,李白觉得不对,皇帝只是让他陪玩,国家大事可一件都没跟他说啊!

李白郁闷了,他借酒浇愁,不断闯祸。醉醺醺的时候,皇帝叫他,他都不理。

据《唐国史补》记载,有一天,唐玄宗叫李白撰写乐词,找来找去找不到人,原来李白已喝得烂醉如泥。玄宗眉头一皱,下令让人用冷水泼醒他。李白摸着脸上的水,惊出一身汗,立马起身作诗,十几首诗词很快搞定。当时太监高力士正站在一旁,李白很不喜欢他。趁着刚作完诗的得意劲头,李白将脚伸到唐玄宗的眼前,说:"陛下,臣的鞋被水浇湿了,能否让高兄给我脱靴子?"高力士面如土色,唐玄宗怒发冲冠:"忍你很久了,太不像话,给朕赶出去!"小宦官们连推带拉地将李白赶出门外。文中这样写道:"上命小阉排出之。"

四

在政治上,李白眼高手低,他看不起死背经书的儒生。他确信自己是苏秦、张仪一般的人物,一张嘴能搅动天下,成为万众瞩目的帝王之师。可时代不同了,他所处的是统一强盛的大唐,而不是诸侯争霸的战国,唐玄宗是天下共主,他干吗对你三请四请?干吗向你虚心讨教?

狂放不羁的李白之前在朝堂上得罪了一大批人,现在大家纷纷在皇帝面前"检举"他:口无遮拦,泄露国家机密;恃才傲物,谁都不放在眼里;为人狂放,行事从不注意影响……三人成虎,众口铄金,皇帝也烦了,赏了他些银子,让他回去了。

皇帝都不用的人,天下哪还有人敢用呢?李白的仕途眼看到此为止。

但一切都是最好的安排,政治失意的他寄情诗歌,留下无数经典作品。李白身上充满了昂扬的斗志,即便感叹"行路难,行路难",依然相信"长风破浪会有时,直挂云帆济沧海"。官场的挫折没有打倒他,他要换一个生活目标了。

离开长安，李白来到洛阳，并在那里遇到了杜甫。文学史上的两位"天皇巨星"碰面了。

"久仰久仰，神交已久，你的梦想是什么？"

"愿为辅弼，海县清一！你呢？"

"致君尧舜上，再使风俗淳！"

两人一拍即合，之后携手同游，求仙问道。他们一同拜访了北海太守——著名书法家李邕。官场失意的李白口无遮拦，在李邕面前高谈阔论纵横术。李邕很不屑。

李白也有小脾气了，他临走前丢下一首《上李邕》：

大鹏一日同风起，扶摇直上九万里。
假令风歇时下来，犹能簸却沧溟水。
世人见我恒殊调，闻余大言皆冷笑。
宣父犹能畏后生，丈夫未可轻年少。

老李，你还别瞧不起人，孔老夫子还说后生可畏，你怎能轻视年轻人？

杜甫仰望着偶像，满心崇拜。他们一起游览东鲁的时候，杜甫写了一首《赠李白》：

秋来相顾尚飘蓬，未就丹砂愧葛洪。
痛饮狂歌空度日，飞扬跋扈为谁雄？

和杜甫分手后,李白把儿女留在东鲁托人照顾,双脚再一次踏遍天南地北。看过千山万水的李白,被一双美丽的眼睛挑动了神经,他在河南遇到唐高宗时的宰相宗楚客的孙女,两人兴趣相投,三观相符,一见钟情。

一老一少神奇地结合了!

随着李白诗歌的流传,他的"粉丝"量也蹭蹭上涨。他在广陵(今江苏省扬州市)遇到了头号"铁杆粉丝"——青年诗人魏万。魏万一路追随"偶像",从河南到东鲁,从东鲁到广陵,终于紧紧地握住了"诗仙"的手。

李白很是高兴,将诗文全部交给了魏万。

"你出钱,帮我印刷诗集!"

魏万如获珍宝,高高兴兴地回去了。

五

李白本以为这样的生活能一直持续下去,直到安史之乱发生。

天宝十四载(公元755年),安禄山一路打到了长安城,唐玄宗只能出逃。唐玄宗的三子李亨趁机在宁夏灵武登基称帝,成了唐肃宗。唐玄宗很无奈,儿子羽翼一丰满,将他变成了太上皇。他也只好顺水推舟,派出宰相房琯与韦见素前往灵武册封,接受了太上皇的身份。

当时,唐玄宗的几个儿子分别担任地方节度使,永王李璘镇守富甲天下的江陵,军权、财权、政权一把抓。他特别赏识李白,三次写信邀请他。

"出来吧,太白兄,我这里是你梦想起飞的地方!"

李白坐不住了,收复江山,舍我其谁?他带上宝剑,整理衣冠,五十七岁的李白来到了永王军营。

天真的李白没有看到伴随着机遇一起来临的危机。

永王李璘的一些属下为了自己的利益,劝说他拥兵自重。

"天下大乱,他李亨做得皇帝,您就做不得?"

听到消息的唐肃宗心急了,难道安史之乱未平,又要起萧墙之祸吗?唐肃宗下令让永王李璘到成都保护太上皇,这是一招调虎离山之计。

永王李璘选择了抗命,将在外君命有所不受,不走!

唐肃宗立即派人平叛永王之乱。李璘兵败,被人擒杀,一帮属下受到牵连,刚刚展翅的李白莫名其妙地入了监牢,好在朋友们积极营救他,老命算是保住了。

平定安史之乱后,朝廷开始清算,五十八岁的李白被判流放到夜郎(今贵州省桐梓县)。他怎么也搞不懂,怎么就走到了这一步?

第二年,关中地区遭遇了百年难遇的旱灾,朝廷宣布大赦天下,走到白帝城(今重庆市奉节县)的李白重获自由,他高歌一首《早发白帝城》:

朝辞白帝彩云间,千里江陵一日还。
两岸猿声啼不住,轻舟已过万重山。

六

　　李白的最后几年基本是在江南的宣城、金陵度过的。在听说大将李光弼正在扫除安史之乱的残敌，六十一岁的李白斗志不减，要去投奔。只可惜，他身患重病，半路返回，只能投奔当涂县令李阳冰（李白族叔）。又过了一年，李白身体每况愈下，在不甘中，写下了人生中最后一首诗《临路歌》：

大鹏飞兮振八裔，中天摧兮力不济。
馀风激兮万世，游扶桑兮挂石袂。
后人得之传此，仲尼亡兮谁为出涕？

　　大鹏展翅高飞却中途乏力，但它的风采激励世上之人。如果没有孔子这样的高人，谁能为我的死伤心哭泣？

　　上帝为他关上一扇窗，又为他敞开一扇门。奇幻的想象，华丽的辞藻，磅礴的气势，敏捷的思维，爽朗的性格，让他成为继往开来无人能敌的"诗仙"，成为古今中外大受欢迎的"偶像"。

　　真希望在仙界，有人能劝李白一句："你已成仙，又何苦执着于凡尘？"

韩愈·就算被拍死在沙滩上,我也得乘风破浪

一

　　这个孩子很小的时候,父母就去世了,是哥哥抚养他长大,并教他读书写字,后来哥哥被贬到韶州(今广东省韶关市一带)。唐朝的时候,广东并不是发达省份,而是蛮荒之地,他的哥哥因水土不服,加上心中郁闷,没多久就因病去世了。

　　他跟着嫂子返回了故乡(河阳)。他嫂子不是一般人,有远见卓识:想要翻身,必须读书。

　　"小叔子,我负责赚钱养家,你负责读书考科举,我们一起奋斗!"

　　这个孩子经此养成了"斗士"的品格,与天斗,与地斗,与不公平的命运斗。清晨,他在寒风中大声朗诵;夜晚,他对着星星静心思考。很快,家里的藏书就被他读了个遍,他变成了一个学识渊博的少年。

　　读万卷书,还要行万里路。一天,嫂子对他说:"现在你长大了,去洛阳读书吧,这样可以开阔视野,结交名人。钱的事情你不用担

心。"少年眼含泪水,告别了嫂子。他发誓一定要出人头地,凭实力让家人过上好日子。他怀揣着梦想来到洛阳,成了大城市里的"蚁族青年"。

面对灯红酒绿的大都市,多数青年会选择随波逐流,奉行享乐主义,可他却过上了苦行僧般的生活。"口不绝吟于六艺之文,手不停披于百家之篇。"他常常读书到天明,拿书的手僵了,搓一搓,继续;口渴了,喝杯凉水,继续;墨汁冻住了,吹口气化开,继续!他就像一只质量上乘的保温杯,始终保持着最初的温度。

经过不断地分析、总结、抄写、背诵、练习,他终于有了自己的写作风格,自成一派,独步天下!

他信心满满地去参加科举考试——终于轮到我上场了吧!

二

贞元三年至五年(公元787—789年)间,他连续三次奔赴长安参加科举考试,均告失败。现实给了他无情的打击,但他不信命!生命不止,战斗不息!

"蚁族青年"变成了"终极斗士"。

第四次参加考试,他终于进士及第,但第二年的吏部考试,又失败而归。

在唐朝,考中进士并不意味着马上就有官做。你得先回家等"编制",等哪天腾出空编,你再来参加吏部的考试。这次考试叫作关试,一般在春天快结束的时候举行,所以也叫"春关"。考试要求非常严格,注重身(体貌丰伟)、言(言辞辩正)、书(楷书遒美)、判(文理优长）四个方面。

想要做官，必须长得帅、会说话、善书法、能断案，德、智、体、美、劳全面发展，最后成绩合格还得上报部门领导、尚书省领导、门下省领导等。一场吏部考试下来，考生多半会累个半死，考试还不一定公平，毕竟环节众多，且存在大量的主观判断。在唐朝，吏部一直都是权贵们的"老巢"，吏部尚书由一流门阀出身的贵族担任，他们在人才选拔上肯定偏重出身。

通过吏部考试以后，你才能脱去粗布衣服，正式成为官员，专业术语叫"释褐"（脱去布衣换穿官服。褐，指粗布衣服）。

经过科举和关试的层层蹂躏，考生们要么疯掉，穷困潦倒；要么意志消沉，愤世嫉俗；要么百折不挠，斗争到底。

我们的"斗士"经此几轮折腾也有点扛不住了，而且倒霉的事接踵而来。他非常敬重的嫂子因常年劳累追随自己的丈夫而去。他最敬重的人死了，无论如何他都要返回家乡，为嫂子守丧。

命运给了这位"斗士"指引了一条灰暗的道路，他却披荆斩棘，勇闯天涯。五个月守丧期满后，他又接连两次参加吏部考试，得到的评价依然是"勇气可嘉，下次再来"！

失败让他开始反思，"硬考"看来是难了，还是得走走关系，做点"营销"。于是他给当时的宰相赵憬写了三封信，主题都是："宰相大人，给我个机会吧！""宰相大人，给我个机会吧！"

《后十九日复上宰相书》是他给赵憬的第二封自荐信，里面一句话可以看出他当时的心情："行且不息，以蹈于穷饿之水火，其既危且亟矣，大其声而疾呼矣。阁下其亦闻而见之矣。"

什么意思呢？

我勤奋历练很多年了，虽然天赋一般，但"逆商"始终在线啊！我排除艰难险阻，终于走到了现在这一步，可我不仅穷得叮当响，肚子还饿得咕咕叫。我放开喉咙大声呼救，宰相大人您应该也听到了吧？您是来拉这个可怜人一把呢，还是坐视不管呢？

也许是写信自荐的人太多，宰相大人压根没看到他的信，总之，这些信石沉大海了。

"唉，命运啊，你真的和我过不去吗？"

三

"斗士"再狠也怕饿肚子，于是他开始四处找工作。好在他学识渊博、小有名气，得到了宣武节度使董晋的推荐，出任宣武节度使观察推官。他在担任观察推官的三年间，不仅总结了自己失败的经历，还反思朝廷考试的弊端。

当时整个社会都流行骈文。这种文章读起来排山倒海，犹如唱歌，但是细细一品，内容空洞。反观先秦的诗文，质朴自由，奔放有力，真实地反映了人们的思想。

说点大白话有什么不好，非要搞形式主义吗？

"斗士"越来越怀疑考试的标准出现了问题，他的想法得到了很多在科举中挣扎的文人的"点赞"。他的支持者越来越多，名气越来越大，竟由此开启了一场浩浩荡荡、影响后世的古文运动。

他的名字叫韩愈。

此时名震天下的韩愈再次出发了，他要前往长安参加第四次吏部考试。这次有了名气的加持，"跑龙套"的他终于有了成为"主演"

的机会——考上了！的的确确考上了！

他被任命为国子监四门博士（教七品以上侯伯子男的子弟，以及有才干的庶人子弟读书），成了国家最高学府的老师。这个在考场上屡战屡败、屡败屡战的钢铁斗士，终于放松下来，请假前往华山游山玩水一番。面对着高山美景，他忍不住长啸一声："我也有编制了！"

前后十年，八次考试、六次落榜。在困难面前，只要你不低头，困难就会"害羞"。

这样的人生经历锻炼了韩愈的意志，他蜕变成了一个真正的"斗士"。他敢于直言，坚持文人的傲骨，但这种性格在官场上未必吃得开。

过了几年，韩愈从大学老师晋升为监察御史。当时关中地区发生大规模旱灾，他前往调查实际情况，眼见灾民们饿死一大片，而京兆尹李实为了自己的官帽，竟封锁消息，还谎报关中地区粮食大丰收。韩愈愤怒了！他立刻写了一篇《御史台上论天旱人饥状》的奏疏，想要揭露李实的无耻行为。李实毕竟混迹官场多年，狡猾得很。他联合京城的官员们来了个先发制人，告韩愈诬告忠臣，而且谎报灾情，伤害了皇帝的威严。

皇帝大怒，这是从哪里蹦出来的小年轻？去连州阳山县（今广东省清远市阳山县）做个小县令吧，别在长安待着了。寒冬时节，雪花飘飘，但韩愈没有诗兴，他不清楚自己到底做错了什么。

多亏他在文人圈里积攒的声望，有不少读书人为他伸冤。

不久，韩愈被召回了长安，继续担任国子监博士，第二年又升为都官员外郎，可屁股还没坐稳，他又因为"乱说话"被降为县令。

很多官员将隐忍当作智慧，将逢迎视为聪明，韩愈却"死性不改"，这也是他可爱可敬之处。朝廷中依然有不少人惦记他、帮助他。没过几年，他又被调回中央，继续担任国子监博士。人生就这么度过了几十年，韩愈有些着急了，如何才能更进一步施展抱负呢？

他一边教书，一边琢磨，终于想出了一个好主意。他提笔写了篇文章——《进学解》，进献给当朝宰相。

《进学解》是韩愈假托"课堂实录"的方式来发牢骚的文章。他在文中营造了一个生动的课堂环境：老师劝学生要好好读书，天天向上，学生提问不好好读书又能怎样，老师再给予解答，故名"进学解"。

"业精于勤，荒于嬉；行成于思，毁于随。"在文章开头，韩愈先告诉学生们什么是学习，怎样才能搞好学习。

文章中的学生们看着全身上下没有一件名牌的韩愈，混到现在还是个教书先生，鄙视地说："先生欺余哉！……纪事者必提其要，纂言者必钩其玄。贪多务得，细大不捐。焚膏油以继晷，恒兀兀以穷年。先生之业，可谓勤矣。"这段话引出三个成语：焚膏继晷，形容人夜以继日地勤奋学习、工作；细大不捐，常指收罗的东西多，毫无遗漏，也形容包罗一切，没有选择；业精于勤，指学业的精深造诣在于勤奋。

这段话什么意思呢？

"韩老师啊，您不要放'烟雾弹'了，净说假话骗我们。您的确精通经、史、子、集，广泛地学习，务求有所收获。早上两眼一睁，开始读书；晚上两眼一闭，深入思考。勤奋刻苦您都占了，可最后怎么样了呢？还不是在这里教书、发牢骚，有用吗？"

接着学生又说:"老师,您虽然学富五车,为人刚正不阿,还仗义执言,可最终还不是被贬到鸟都不拉屎的地方。老师您现在混得这么差,读书有什么用呢?看看您现在的样子,冬天没钱买炭,儿女们哭着喊冷;平时没钱买米,夫人饿着肚子。您的头发、牙齿早就'光荣下岗'了,身上的衣服比我们岁数还大,还天天教导我们刻苦读书,读完就像您这样吗?"

这是韩愈创设的虚拟课堂,他借学生之口夸赞自己学问好、人品好,也同时点出了自己不得志的现状。

在文章第三段,韩愈正面回应了学生的讥讽:"像我这样不受欢迎的人,皇帝和宰相不把我赶走,还安排我到国子监来教书,已经是天恩浩荡了。你们要认真学习,等你们比我更有本事时,在这样英明的皇帝跟宰相的领导下,还怕不被重用吗?"

韩愈在文章中采用一问一答的课堂实录的方式,委婉地表达了诉求。

韩愈凭这篇文章被重用,得以编修史书。后来他因为表现突出,又晋升为中书舍人,负责起草诏令,并能参与国家大政方针的研讨与制定。不久,他又升为刑部侍郎,成了刑部的副长官。

四

大脑开了窍,智商呱呱叫,可是情商却往下掉。韩愈仍是那个"斗士",刑部侍郎的宝座还没坐热,又要凉凉了。

皇帝至高无上,什么都可以得到,唯独寿命不行。很多帝王都追求长生和升仙,他们太不想死了。当时有人为了制造轰动效应,说在凤翔县（在今陕西省境内）法门寺的一座塔内藏有一节指骨，乃是释迦牟尼的遗骨，称为"佛骨"，能给人带来好运。

唐宪宗一听，释迦牟尼？这是佛祖要帮助我啊！他命人赶紧将"佛骨"迎进皇宫，希望佛骨能帮他长生不老。

古代的祥瑞多是人为捏造出来的，大多数人的目的就是升官发财。有些人捏造一百次祥瑞，只要有一次引起皇帝的注意，就能飞黄腾达。皇帝肯定爱听这类事情，谁不希望自己治下祥瑞频出呢？那不显得自己出色吗？

当年没有基因鉴定技术，这手指骨指不定是谁的呢。皇帝相信了，这让韩愈大人很头痛。为了劝诫唐宪宗不要做糊涂事，韩愈上了一篇奏章《论佛骨表》。这篇文章文采飞扬，有理有据，可是犯了一个他常犯的错误——耿直。文章里说，自东汉以来，凡是痴迷佛教的王朝都很短命。比如说梁武帝，他祭祖不杀生，不吃荤，还三次出家，结果最后被叛军包围，活活饿死，去往西方极乐世界了。

唐宪宗怒了："混蛋，这不咒我死吗？"

文章还说，如果陛下您把佛骨迎到宫中，浪费钱财供奉这么一节骨头，那可真是"伤风败俗，传笑四方，非细事也"。这样做会让老百姓笑掉大牙的，可不是一件小事啊！

韩愈把自己当成了魏征，可惜他遇到的不是李世民。唐宪宗怒发冲冠，决定在韩愈笑掉大牙之前，先敲掉他的门牙。杀，杀，朕要杀掉这个不知天高地厚的蠢货，然后碎尸万段！

事情闹大了，大家赶紧为韩愈说好话。"韩大人是头脑发热，但初心也是为国为民呀！"

唐宪宗逐渐冷静下来，他也明白，韩愈这人说话难听，但没什明年再见!

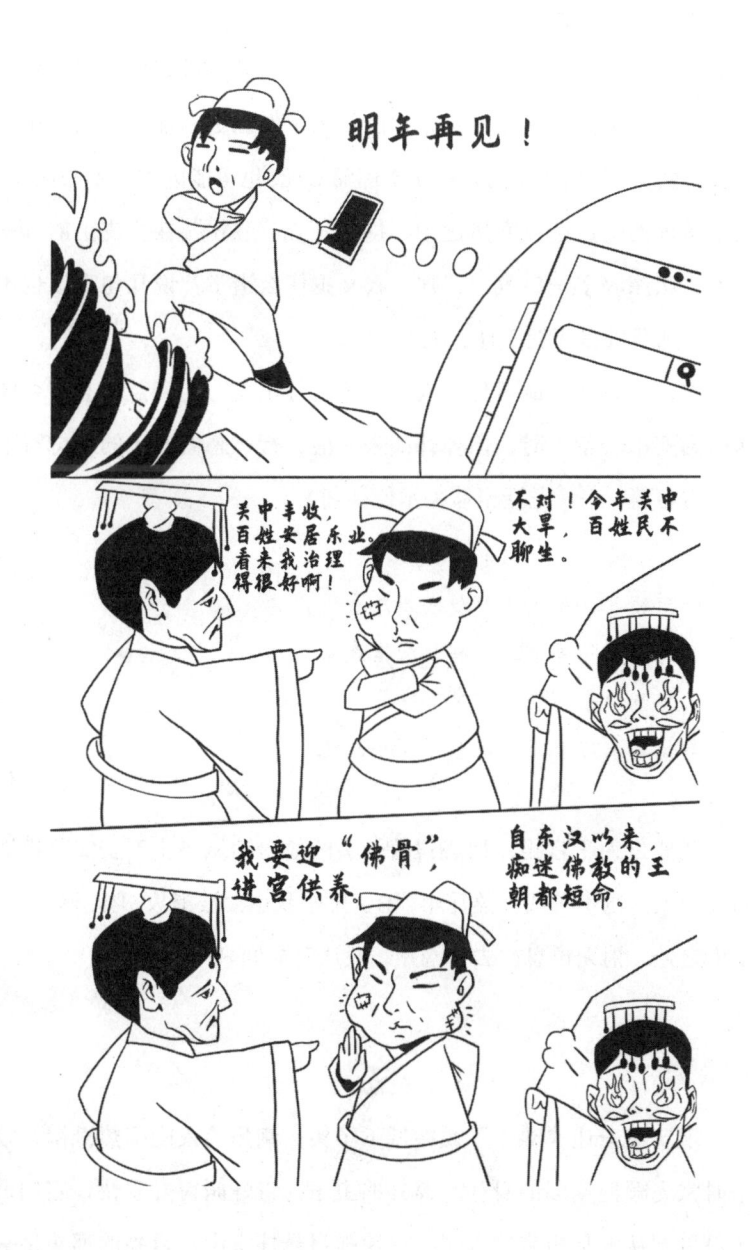

关中丰收,百姓安居乐业,看来我治理得很好啊!

不对!今年关中大旱,百姓民不聊生。

自东汉以来,痴迷佛教的王朝都短命。

我要迎"佛骨"进宫供养。

么坏心眼。

但韩愈毕竟触犯了皇威,死罪可免,活罪难逃。他被贬到离京城十万八千里的潮州(今广东省潮州市)做刺史。那时候的广东还比较荒蛮,被贬到那儿的人即使不郁闷而死,也可能因水土不服而死。五十多岁的韩愈站在寒风之中,捋着顽强"驻扎"在头皮上的几缕白发,深深叹了一口气:"唉,我又犯什么错了?说几句真话也不行吗?那我做官还能干什么呢?"

唉,上路吧!他孤身一人向千里之外出发,走到蓝田县(今陕西省西安市一带)时,侄孙韩湘来为他送行,感慨万千的韩愈写下了千古名篇——《左迁至蓝关示侄孙湘》:

一封朝奏九重天,夕贬潮州路八千。
欲为圣明除弊事,肯将衰朽惜残年!
云横秦岭家何在?雪拥蓝关马不前。
知汝远来应有意,好收吾骨瘴江边。

我要是为了官帽,何必冒着杀头的危险劝诫皇上?安安稳稳地做我的大官岂不美哉?熬几年,论资排辈我也会被提拔。唉,这一去,千里之外,悄无声息。去了潮州,我还有命回来吗?

五

现实终于让"斗士"微微低下了头。潮州的夜晚闷热潮湿,蚊子时常光顾他瘦弱的身体。窗外的虫子、青蛙叫得好欢快,它们很久没见到从大都市来的人了。一轮孤月悬挂空中,月亮的那头是家人的焦急与期盼。韩愈反思着自己起起落落的人生,到底是怎么了?谁不想顺风顺水地过日子呢?总不能让一家老小跟着受罪吧?

想起《进学解》,他似乎明白了什么,为了家人与自己的安全他提起毛笔,将自己的才华倾注到一篇叫《潮州刺史谢上表》的文章中。在这篇文章中,他承认了自己的狂妄与自负,对之前的冒失很是后悔,接着他又说唐宪宗"巍巍治功""旋转乾坤,雷厉风飞",还建议皇帝举行封禅大典(古代皇帝登泰山祭天地的最隆重的典礼,对着名山与天空开个盛大的发布会,炫耀下自己的文治武功。上天啊,我这个皇帝做得不错吧)。一番吹捧之后,韩愈表露了自己写这篇文章的真正目的——我要回家。

他在文中说道:"当此之际,所谓千载一时不可逢之嘉会。"

什么意思呢?

皇帝您如果举行封禅大典,那可是臣民之福,这可是世间少见的盛会,可惜我这个有罪之人没有福气看到皇帝陛下您在封禅仪式上的潇洒身影了,真的很想回去亲眼见见您的飒爽英姿啊!

《潮州刺史谢上表》让唐宪宗眉开眼笑。

"连韩愈这样的愣头青都夸我了,看来我真的很英明神武啊!"

"但韩愈这家伙太狂妄,经常让我没面子,也不能一点儿都不惩罚,不然以后怎么御下?"唐宪宗大笔一挥,给韩愈换了个好地方,改派他做袁州刺史。袁州就是今天的江西省宜春市,宜春曾经有句轰动一时的广告词,"一个叫春的城市,一个温暖的地方",令广大人民群众心痒了好一阵子,不过也从侧面证明这个地方无论是环境,还是气候,要比当时的潮州好得多。韩愈再一次因为写文章而得到了重用。

有人可能因此不屑，原来韩愈也是个马屁精啊！错！君臣间说点场面话不是什么见不得人的事，韩愈的内心仍然是光明磊落的，遇到不平之事，他还是要呐喊，就算再与皇帝针锋相对，他也不会皱眉头。看一个人要看他的主要方面是坏是好，现在很多电视剧、传记作品将好人刻画得完美无瑕，这是极为不负责任的。

　　在袁州做了不少惠民的事后，韩愈很快又回到都城长安，斗士性格依然，宦海沉浮依旧。担任吏部侍郎的韩愈向朝廷提交了辞呈，他累了，该歇歇了。五十七岁，在家中病逝，这也许是最好的结局。

　　韩愈的一生，是"斗士"的一生，他与天斗，与人斗。明哲保身的人笑他傻，刚正不阿的人敬他直，小人怕他，君子爱他。

孟郊·妈妈,我的人生为什么这么难?

一

"考上了,终于考上了!妈妈,我成功了!"孟郊兴奋得双手颤抖,要是能长出翅膀,他恨不得立刻飞回去告诉他母亲。

进士登第,孟郊又上前确认了一下,的的确确考上了,他的内心五味杂陈,酸甜苦辣一下子全涌上来,眼前浮现出担心他迟迟不归的母亲,缝衣针拿在她布满皱纹、不停颤抖的手上,孟郊发出一声积压很久的嘶吼:"爷终于可以扬眉吐气了!"于是他激动地写下一首诗:

昔日龌龊不足夸,今朝放荡思无涯。
春风得意马蹄疾,一日看尽长安花。

成语"春风得意"和"走马观花"就出自这首诗。从"疾""一夜""看遍"等词,可以看出当时他得意的心情。

为什么考中进士要看尽长安花呢?唐朝时候,进士科公布录取名单（放榜）一般在春天的二月或三月初，又叫"春榜"。朝廷为了表彰考中的人，专为新科进士量身定制系列庆祝活动：首先在曲江岸边的杏花园中大摆酒席，杏花因此又叫"及第花"。其次除了吃饭，还要游街，在录取名单中选出两名最年轻的进士充当探花使者，骑马游遍长安各大著名园林，采摘各种早春鲜花，吸引全城百姓的关注。进士们穿过的衣服，也会遭到文人们的哄抢，拿去穿上讨个好彩头。四十六岁的孟郊没采花的资格，但依然是大家崇拜的对象。

　　为了将炫耀进行到底，为了将压抑宣泄完毕，新科进士们在朝廷的批准下，把游戏玩出了新花样与新高度。其中最有名的活动要数"雁塔题名"了。雁塔就是西安的大雁塔，那是京城的地标建筑，进士们登高远眺，俯瞰曲江，在塔上题名留念。白居易那句"慈恩塔下题名处，十七人中最少年"便是考中进士后题下的。孟郊考了很多次，终于在四十六岁的"高龄"时尝到了中进士的滋味，这个结果他等了几十年，他没有像范进那样疯掉，已经很好了。

　　孟郊如果真的疯掉，说不定还是件好事，因为他人生的高光时刻，只有这一天。

二

天宝十载（公元751年），大唐已经不是以前的大唐，孟郊生于湖州武康（今浙江省湖州市），父亲孟庭玢只是一名基层官员，连贪污的资格都没有，孟家穷得连小偷都不想光顾。

贫苦的生活让孟郊养成了孤僻敏感的性格，他很少和别人交往。长大后，为了减轻家里负担，他跑到嵩山的寺庙中读书，明月清风，粗茶淡饭，阅读不倦。

学成之后的孟郊选择了行万里路，他云游四方，结识朋友，他想：说不定能遇到赏识并推荐自己的人呢？

他在江西上饶一处隐秘的茶园，还真遇到一位世外高人，这个人一辈子只专注于茶。

"来，尝尝这杯茶。"

"这茶和我昨天喝的看起来一样，但是味道却比昨天的好！"

"泡茶也很有讲究的，同样的茶不同的泡法，味道完全不一样。"

孟郊结识了"茶圣"陆羽，两人一见如故，喝茶、聊天兴奋不已。免费喝这么好的茶，不太好意思，给钱？没有！帮忙？能帮什么忙？那就为新开的茶园题首诗吧！《题陆鸿渐上饶新开山舍》：

惊彼武陵状，移归此岩边。
开亭拟贮云，凿石先得泉。
啸竹引清吹，吟花成新篇。
乃知高洁情，摆落区中缘。

孟郊虽然在各地游历，但除了一心研究茶叶的陆羽和同样贫困的韦应物,并未结识到达官贵人。

在唐朝,有才华而没人举荐,广告打不出去,考中的几率微乎其微。

孟郊东游西荡,离群索居,四十一岁时才通过老家湖州的乡贡考试,拿到京城科举的准考证。第二年,孟郊走的依然是文人们的传统步伐——没考中。命运虽然辜负了他,但也会稍稍给他一点儿安慰,在这次考试中,他结识了"终极斗士"韩愈,两人一见如故。韩愈比孟郊小十七岁,但早已名闻天下,威震考场!

第三年,孟郊又失败了。他没有韩愈那样坚韧不拔的意志,而是陷入了无尽的痛苦中。他对自己产生了严重的怀疑:我是谁?我来自哪里?又要去何方?我是不是智商不行?

这次落第后,他写了一首《再下第》:

一夕九起嗟,梦短不到家。
两度长安陌,空将泪见花。

"再"字是多么无奈啊!孟郊压力很大,他觉得自己愧对母亲,愧对家人。望着长安城美丽的鲜花,看着考中的进士到处炫耀,孟郊只能默默擦眼泪。

好朋友韩愈及时为他端来了一碗心灵鸡汤——《长安交游者赠孟郊》:

长安交游者,贫富各有徒。
亲朋相过时,亦各有以娱。

陋室有文史，高门有笙竽。
何能辨荣悴，且欲分贤愚。

"文坛领军人"韩愈竟如此推崇孟郊。一时间，孟郊仿佛成了"梦特娇"——文化人心目中的名牌。可是犹豫懦弱的性格让孟郊不敢尝试了，韩愈这么抬举自己，万一又失败了呢？岂不丢了韩老弟的脸面？他没有韩愈那么生猛，经历了几次失败，难免心灰意冷，他想要放弃了。

这个时候他的母亲站了出来，给他打了一针强心剂："大丈夫怎么能如此消沉？看看你的好友韩愈，他经受了多少挫折？听妈妈的话，再去考！"

三

四十六岁的孟郊第三次来到京城，没想到这次进士登第，他兴奋得睡不着觉了。中举后，他和几个朋友一起游山玩水，好不得意。

可惜，他的人生并没有从此顺风顺水。

看尽"长安花"后，不善于结交关系的孟郊被安排到溧阳做了小小的县尉。

拿着仅能糊口的工资，还得应付复杂的人际关系，失意的孟郊想起了在远方一直支持他、鼓励他的母亲，想起了母亲在微弱的灯光下一针一针地给他缝制出行的衣服，眼泪模糊了他的视线：

慈母手中线，游子身上衣。

临行密密缝，意恐迟迟归。
谁言寸草心，报得三春晖。

  妈妈，我想您了，看样子我也混不出个人样了，但毕竟也是个县尉，给您养老没问题。孟郊将年迈的母亲接到自己身边安度晚年。
  现实的魔爪拼命地抓着他，性格的缺陷围绕着他。他时常感叹自己怀才不遇，满腹经纶只能做一个小县尉，干脆消极怠工。他喜欢到溧阳城边的濑水河畔散心，那里树木繁茂，空气清新，无人打扰，他常常来这里吟诗作赋，时不时能想出好词句。
  县令一看，这人是不是对我有意见？是不是不想合作？容他在这里放肆，以后我还怎么管得住其他人？
  因为孟郊总是消极怠工，县令聘用"社会人员"来分担孟郊的工作，并分走孟郊一半的俸禄。
  孟郊原本凭微薄的俸禄，还可以勉强度日，现在连粮食都快买不起了。
  好朋友韩愈再一次伸出援手，把他举荐给河南尹（河南省最高官员），孟郊被任命为水陆运从事，这个职位待遇不错，孟郊在洛阳定居下来，生活终于看到了一线光亮。
  但是命运没有放过他。
  没过多久，他的孩子们因为长期营养不良，相继死去。孟郊的胸口仿佛被铁锤狠狠地敲击，他流着泪写下了《悼幼子》：

一闭黄蒿门，不闻白日事。
生气散成风，枯骸化为地。

负我十年恩,欠尔千行泪。
洒之北原上,不待秋风至。

孩子们,爹欠你们太多了,对不住啊!

接下来,最亲爱的母亲又离他而去,年近花甲的孟郊被折磨得遍体鳞伤。

被命运反复折磨的孟郊最终暴病而亡,连给他处理后事的人都找不到。最后,韩愈、张籍等几个朋友,将他葬在了洛阳。

孟郊的悲剧,不全在于命运的不公,也有一些咎由自取的味道。在平凡的岗位上,他并没有踏踏实实地干好工作,让涓涓细流汇聚成不断向上的磅礴力量,而是放不下架子,消极怠工。

他是不幸的,他的人生充满了失败,但他也是幸福的,他的一生中,一直有母亲的陪伴和鼓励。

杜甫·为何，为何，我这么穷？

一

一位满脸沧桑、穿着破烂的大叔站在寒风凛冽的长安街头，层层叠叠的皱纹中堆起了笑容，炯炯有神的眼睛中射出了光芒，他甩了甩头发，握紧笔杆，大喊一声："长安，我来啦！"

他为什么来长安呢？

唐玄宗突然宣布开设制举考试，"通一艺者"便可到长安应试，只要有才艺的人都可以参加。

制举大多是皇帝心血来潮临时组织的考试，没有功名的寒门子弟、坚守基层的公务员、科举出身暂时没有得到官职的人都可以参加。制举考试类似宋朝的殿试，成绩突出的人马上入编任职，无须像韩愈那样被吏部考试反复蹂躏。在《新唐书》《旧唐书》里有传记的官员中，已经考中进士还要通过制举考试得到官位的有三十七人。

考试由皇帝亲自主持，考不上也能与天子近距离接触，因王者而荣耀。考试内容基本是对策，参加考试的人可以对天下大事提出看法与解决方案。制举举行的时间、考试的科目和考试的名称都不固定，皇帝说什么就是什么。这一次，皇帝将制举命名为"通一艺"。

多好的机会啊！街头的那位大叔非常激动。

然而，现实迅速浇灭了他的激情，这次参加考试的人一个都没录取。难道是皇帝拿他们寻开心？非也，非也！是他们碰到了"野无遗贤"闹剧的"总导演"李林甫。

李林甫是成语"口蜜腹剑"的版权所有人。这个人虽有些本事，但心胸极为狭窄，只要谁的风头盖过他，谁就要倒霉。李林甫府里有个形状像月亮的厅堂，名为"月堂"，每次要陷害某个人之前，他就会静坐在月堂里，皱着眉头思考。如果他的眼睛突然睁开，面露喜色，那就是有人要家破人亡了。

经过长时间的清除异己，李林甫大权在握。为了独揽朝政，他不让言官们在皇帝面前叽叽喳喳，便将他们召集在一起训诫道："如今天子圣明勇武，智慧过人，我们大家顺从他的旨意就好，怎么还有人和他老人家唱反调呢？你们难道没有见过仪仗队的马匹吗？它们只要整日默不作声，就能得到上等的粮草饲料，只要乱叫一声，就会被开除，永不征用！""立仗马"这个词也是他首创的，比喻尸位素餐的官员。

大家听得直冒冷汗，无人敢上疏进谏。李林甫在宰相的位置上稳稳地待了十九年，朝廷上一片颂扬之声，可伟大的唐朝却开始走下坡路。唐玄宗听不到真实的声音，渐渐迷失了自我。

这次皇帝下诏让天下有才艺的人前来考试，李林甫有点慌。

"万一那些愣头青们在考试过程中写文章批判我呢？让皇帝听到不同的声音，我怎能一直稳稳地幸福？"李林甫赶紧想办法——反正基层公务员也能参加制举考试，于是他从各个地方挑选听话的人，预先进行培训，再送到长安复试，表现好的一一提拔，把空出来的编制全都占了。当那些真的"通一艺者"从天下汇集到长安参加考试时，李林甫坚持一个都不录取的原则。对不起，编制满了。他向唐玄宗解释道："吾皇如此英明神武，全天下贤能的人才早就被您发现并任用了，民间哪还有遗漏的人才呢？"

唐玄宗搂着杨贵妃笑了：是啊，千百年来，有哪个皇帝像我一样人尽其才呢？

可怜的大叔在街头彷徨，怎么办？怎么办？

大叔本想通过科举进入仕途，可考了几次都没考上。好不容易碰到这千载难逢的制举，却成了"李导"的独角戏。

没有钱、没有房，大叔压力很大。他孤独地在长安游荡，没钱吃饭，就挖草药来卖，或者找朋友接济。他拿着自己的诗到处找人推荐，可是无人帮忙。他饥肠辘辘，家里的孩子嗷嗷待哺，穷困潦倒的他怎一个惨字了得。

"骨感"的现实没能击倒他，他依然整装待发，等待机会来临。

二

唐玄宗将要举行祭祀太清宫、太庙和天地的三大盛典。提前得到消息的大叔嗅到其中的机会，连夜写了《朝献太清宫赋》《朝享太庙赋》《有事于南郊赋》，合称"三大礼赋"，连同自己的求职信，托人一起进献给唐玄宗。

这几篇赋文词优美，水平极高，唐玄宗读罢心花怒放，大笔一挥，让大叔待制（等待诏命）集贤院（唐代收集与整理图书的机构），等职位空出来就给他安排。虽然这之后等了好几年，大叔才被正式授予实职，好歹三大礼赋没有白写。

这个大叔的一生就是围绕着一个"穷"字！

穷让他提起笔："囊空恐羞涩，留得一钱看""艰难苦恨繁霜鬓，潦倒新停浊酒杯"，名句频出；穷也让他低下头："为问彭州牧，何时救急难""唇焦口燥呼不得，归来倚杖自叹息"。他书写了众多名篇来抒发内心的苦闷与彷徨。

他的名字叫杜甫。

他比李白含蓄低调，但也曾狂妄过。他从小就爱读书，七岁能作诗，十四岁已经在当地有了名气。长大后的他一边游历一边读书，二十四岁时，他从吴越来到东都洛阳，信心满满地参加进士科考试，结果让他心碎。

一声叹息，看来是自己修炼不够，继续努力吧。他拼命写诗，到处交游。他三十五岁的时候来到长安，曾发誓"不屈己、不干人"的他也不得不向现实低下了头，提笔给当时的尚书左丞韦济写了一首干谒诗——《奉赠韦左丞丈二十二韵》（节选）：

纨绔不饿死，儒冠多误国。
丈人试静听，贱子请具陈。
甫昔少年日，早充观国宾。
读书破万卷，下笔如有神。
……

这个社会怎么了，一些纨绔子弟游手好闲，偏偏不会挨饿，而那些刻苦的读书人却没有前途。大人您还不太了解，我是个有为青年啊！从小到大，我读的书已经突破万卷了，写起诗来就像打了鸡血，神仙助阵，一挥而就。我的辞赋能敌过杨雄，作的诗篇能媲美曹植，我能辅助皇帝成为尧舜，又能让天下风气变得纯朴。

"读书破万卷，下笔如有神"，从这句诗可见杜甫对自己的才华多有自信。然后他接着写：这么多年来，我漂泊不定，为了能得到权贵们的推荐，每天天还没亮就等在王公大臣的门口，在他们上朝的路上，鼓起勇气行卷；傍晚时分，又跟在王公大臣们的马车后面，想尽办法跟他们搭句话。我每天吃着剩菜冷饭，好悲惨啊！希望您能推荐我，让我为国家效力。

这首诗自我夸耀的部分在韦济看来有些狂悖，诗中一句"致君尧舜上，再使风俗淳"，已经狂得没边了。韦济回道："你真牛，所以我不敢用。"

也许意识到自己的张扬，杜甫之后的干谒诗写得谦虚低调，这不，三大礼赋就很成功。

在集贤院待了几年后，四十四岁的杜甫等到一个右卫率府兵曹参军的职务，这是个不入流的小官，说白了就是在武器库看大门的。杜甫很苦闷，不过好歹也算有工作了，他赶紧回奉先（今陕西省蒲城县）探望妻儿。

这次回家让他的世界更黯淡了。他刚刚进家门，就传来妻子的哭泣声，原来小儿子活活饿死了。他搂着儿子冰凉的小尸体，老泪纵横。为什么，到底为什么？他愤怒地写下了《自京赴奉先县咏怀五百字》。那句著名的"朱门酒肉臭，路有冻死骨"就出自这里。杜甫一边感叹自己是个不称职的父亲，一边斥责那些只顾享乐的权贵阶层。太平盛世里百姓都如此凄苦，何况不太平的时候呢？

看大门养活不了家人，杜甫还要继续努力。

安史之乱后，唐肃宗在灵武继位了。这是个机会！杜甫安顿好家人，独自前往灵武投奔新皇帝。他会重用我吗？憧憬着未来的杜甫半路被安禄山的叛军俘虏，押往长安，大诗人王维也在其中。好在杜甫根本没有被严加看管的资格，在一个月黑风高的夜晚，他趁人不备逃走了。

杜甫终于到了灵武，见到了唐肃宗，他声泪俱下地哭诉道："皇上啊，我可找到组织了！"唐肃宗很感动，立即任命杜甫为左拾遗。这是个很有前途的职位，杜甫当然要尽职尽责。

老天却跟他杠上了：你就是条穷命！

当时宰相房琯被贬，跟房琯私交不错的杜甫上疏说情，指责皇帝不该听信谗言，罢免宰相。唐肃宗不开心了，将口不择言的杜甫打入大牢。长安收复后，唐肃宗将房琯贬出京城，其同党一并也被赶出京城，杜甫被牵连其中，被贬为华州（今陕西省渭南市）司功参军，这是个负责祭祀、礼乐、地方学校等事务的小官。

唉，又是怎么了？我只不过做了该做的事，说了该说的话，左拾遗不就是该匡正皇帝的过失吗？

幸运的是，世上少了一个普通的官员，多了一位耀眼的诗人。

悲惨的人生经历丰富了他的创作。杜甫目睹了安史之乱后满目疮痍的世界，挥笔写下"三吏"（《新安吏》《石壕吏》《潼关吏》）和"三别"（《新婚别》《垂老别》《无家别》）。

三

战乱初定,又遇大旱,华州也不是富庶之地,杜甫依然养不起家人,他甚至经常亲自上山采野果。眼见孩子们可怜的样子,杜甫决定不再低声下气地做个小官,"裸辞"了!

他已想好了退路——好友严武出任剑南节度使,是地方一把手,杜甫准备投奔他。

严武很讲义气,力荐杜甫担任节度使参谋,还挂了个虚职——检校工部员外郎,人称"杜工部"。在朋友们的帮助下,杜甫终于买地建房,在成都浣花溪畔,有了一座属于自己的草房,人称"杜甫草堂",也叫"浣花草堂"。

杜甫依旧不改忧国忧民的本色,在草堂写下了《茅屋为秋风所破歌》:"安得广厦千万间,大庇天下寒士俱欢颜,风雨不动安如山",在写这句诗的时候,想必杜甫的嘴角是有微笑的。

严武跟杜甫乃世交好友,还有一个共同朋友房琯,如果杜甫能抓住机会,融入顶级朋友圈,想必能步步高升,摆脱贫穷。但是太熟悉的人往往容易闹矛盾,杜甫跟他的好友李白有些类似,他们都不拘小节,不够圆滑,性格有些偏激。而严武也不是好相处的人,他性情暴躁,喜怒无常。小的时候,因为父亲严挺之宠爱小妾英娘,冷落母亲裴氏。严武见母亲郁郁寡欢,了解原因后,气得火冒三丈,趁英娘熟睡,拿起铁锤把她的头砸了个稀巴烂,那一年,他才八岁,达不到判刑的标准。父亲责备他,他却理直气壮地反问:"天底下哪有厚爱小妾而虐待正妻的大臣,我是有意杀掉她的!"

严武人前人后,直呼杜甫为"杜二"(杜甫在家排行老二)。杜甫郁闷了,你这家伙比我小十几岁,居然叫我小名?好歹我也是你长辈吧?严武上门看望杜甫时,他常没穿好衣服就出来迎接:"小严,你来啦!"

一个小小参谋,居然如此无礼?长官可以随意,你也随意?同事们看不惯他,渐渐有人开始诋毁他。有一次,杜甫在严家喝醉了酒,竟然躺在人家床上,借着酒劲呵斥严武:"严挺之怎么会有你这么个儿子!"

严武嘴上没有责怪杜甫,心里已经极其不满了。两人之间仿佛有个火药桶,一点即着。好在严武的母亲裴氏及时站了出来,缓和了两人的关系。

严武和杜甫明白了,好友之间,距离产生美,我们还是离远一些吧。杜甫提出辞职,严武批准了。

杜甫在浣花溪畔过起了半隐居的生活,严武仍不时接济他。

不久,在讨伐吐蕃的过程中,立下赫赫战功的严武突然暴病而亡,年方四十岁。杜甫含泪创作了《哭严仆射归榇》:

素幔随流水,归舟返旧京。
老亲如宿昔,部曲异平生。
风送蛟龙雨,天长骠骑营。
一哀三峡暮,遗后见君情。

杜甫想起两人之间的种种,心里只剩怀念和感激。

四

杜甫重新戴上了"贫困户"的帽子,加之四川地区发生局部叛乱,粮食短缺,物资匮乏,杜甫一家人饿得面黄肌瘦。没办法,杜甫又要搬家了。他告别了草堂,乘着船沿江南下,一路经过嘉州(今四川省乐山市)、戎州(今四川省宜宾市)、渝州(今重庆市)、忠州(今四川省忠县)、云安(今重庆市云阳县)。他四处求人推荐,在去忠州的路上写下了著名的《旅夜书怀》:

细草微风岸,危樯独夜舟。
星垂平野阔,月涌大江流。
名岂文章著,官应老病休。
飘飘何所似,天地一沙鸥。

空旷的平野,奔涌的大江,明亮的月光,漂泊的生涯。船上有一个悲伤的老头,那是我啊,就像天上孤单的沙鸥。

此时的他觉得自己"像一只小小鸟,想要飞却怎么样也飞不高,我寻寻觅觅,寻寻觅觅,一个温暖的怀抱……"

盛唐不再,朋友离去,哪里才有温暖的怀抱呢?

杜甫来到夔州(今重庆市辖区)。当地长官柏茂林欣赏他的才华,给他安排了一个工作,为政府代管公田。杜甫也租下一些公田,在各方朋友的帮助下还买了果园。他带领家人耕地种田,准备用劳动创造新生活。

难得的稳定生活让他的创作欲望大增,他一生中大约百分之

三十的诗是写于此时,其中便有《登高》:

风急天高猿啸哀,渚清沙白鸟飞回。
无边落木萧萧下,不尽长江滚滚来。
万里悲秋常作客,百年多病独登台。
艰难苦恨繁霜鬓,潦倒新停浊酒杯。

年老的杜甫在夔州显得格格不入,无法真正融入当地的生活。夔州这个地方在当时属于穷山恶水,人们普遍没有文化,且治安环境恶劣,在这里没人尊重他,没人懂他。

杜甫扪心自问:难道自己真的打算在这里做一辈子的种植专业户吗?"治国平天下,致君尧舜上",我已蹉跎半生,何时才能实现梦想?何时才能回到家乡?

不如走吧。杜甫下定决心离开夔州,投奔其他地方的朋友,他仍要寻找机会施展才能。以大多数人的经验来看,对于经常饿肚子、连家人都养不起的杜甫来说,离开夔州是个错误的决定。但杜甫不怕,他心中仍有信念支撑着他。

他把果园赠送给别人后,乘船离开夔州。经过湖南岳阳浩瀚的洞庭湖时,写下了《登岳阳楼》:

昔闻洞庭水,今上岳阳楼。
吴楚东南坼,乾坤日夜浮。
亲朋无一字,老病有孤舟。
戎马关山北,凭轩涕泗流。

此时的他身体零部件基本处于半停滞状态,肺病、痛风、右耳聋,左手瘫。他从岳阳来到潭州,结果潭州在打仗,他又逃往衡州,准备投奔郴州的亲戚崔湋。船到耒阳时,江水暴涨,无法前行,他只能将船停靠在方田驿码头。

当地县令听说大诗人杜甫来到耒阳,亲自划船送酒肉来招待他。

"多谢,多谢,那就不客气了!"

杜甫在船上大块吃肉,大口喝酒。吃饱喝足后,又划着船,继续向老家的方向前进!

原本已经重病缠身的杜甫,加上暴饮暴食,竟在小船上孤独地去世了。五十九岁的他留下了绝笔诗《风疾舟中伏枕书怀三十六韵奉呈湖南亲友》。在诗中,他想念的是远方的家乡。

忍半生颠沛流离之痛,忧天下黎民百姓之苦,是杜甫一生的写照。

李白、杜甫一生都在求官的路上,他们四处投诗,却得不到回报。有人会觉得这与"诗仙"和"诗圣"的形象相去甚远,但这正是他们心怀伟大理想的表现。心怀信念之人,才能成为我们永世怀念的传奇。

王播·吃饭不叫我,你能狂多久

一

傍晚,夕阳西下,一则消息在扬州惠昭寺木兰院的和尚们中间炸开了锅。

"听说王大人要来我们寺院视察了!"一个上了年纪的和尚说。

"啊?当年我们那么对他,会不会报复我们?"

"那就孝敬孝敬他?"

"听说他的胃口可不小,我们这点香火钱,人家根本看不上。"

和尚们七嘴八舌地发表着自己的看法。

唉,佛祖斗不过大官,和尚们如临大敌,悔不该当初羞辱别人。

"阿弥陀佛,即使他报复,也是我们当年种下的果。"一位胡子花白的老和尚闭着眼睛,超然地说道。

"既然来了,咱们得迎接啊,赶快布置接风,将王大人当年在墙壁上留下的诗句掸去灰尘,把他当年住过的房间打扫干净。"兵来将挡,寺院的方丈主持发话了,毕竟他当了多年的庙里领导,懂得迎接的规矩。全寺上下在主持的精心部署下,全都跑起来、抢时间,彻夜行动，全力以赴做实、做细迎接客人的各项工作。

第二天早上，王大人来了，他坐着轿子，带着侍从，一行人高调地来到了寺院。

全寺和尚都出来迎接，大家笑脸相迎，方丈脸上的皱纹都笑得更深了些。

"来了，来了，列队欢迎。"全寺和尚整装列队，笑脸相迎，恨不得把脸上的皱纹都挤得掉下来。

王大人望着当年的寺院墙壁，上面仍然留着他愤然离去时写下的诗句，而且现在居然用昂贵的碧纱小心翼翼地盖住。当年他住的那间破屋，转眼间修成了豪华"总统套房"。看着身边满脸堆笑的和尚们，他感慨万千，回想起了前尘往事。

二

王播原籍山西太原，生于唐肃宗乾元二年（公元759年），父亲王恕任扬州仓曹参军，所以他自小在扬州长大。他们家并不富裕，为了读书，他只能到扬州惠昭寺木兰院借读。

有人可能会问，为什么很多读书人，尤其是贫困生都喜欢去寺庙读书？

唐朝读书人为了应付科举考试，要阅读大量书籍，但普通人家哪能搞到那么多书？而且也养不起不干活的闲人。于是大家找来找去，发现寺庙是读书学习的绝佳场所。唐朝的寺庙基本都拥有大片土地，租给农民也能坐收钱粮。寺里多几个穷困潦倒的读书人吃饭算不上什么，就当普度众生了。寺庙往往都在深山老林中，风景优美，空气清新，读书人在这里可以安心学习。而且寺庙中藏书丰富，很多僧人也有学问，读书人遇到问题，可以找他们相互切磋。

这样的条件自然能吸引来大批读书人。刘长卿、孟郊等人自幼在嵩山读书；李绅在无锡惠山寺读书；温庭筠、杜牧、杜荀鹤在庐山读书。大部分寺院都对读书人敞开大门。

可惜，王播没有遇见对的人。他刚到惠昭寺木兰院读书的时候，方丈与和尚们还一口一个"王施主"。可过了很长时间，王播仍没有下山的意思，这让和尚们有点为难。安史之乱后，田地荒芜，民不聊生，寺庙里也难养活闲人了！

直接赶他走？不是出家人的行事风格啊！

和尚们冥思苦想，终于有了主意。寺院每天开饭前都要敲钟提醒，可有一天到了饭点，钟声并未及时响起，沉迷读书的王播也未感觉到异样。

"咚！"钟声终于敲响，王播赶紧前往食堂。哎，怎么不见人了？王播只看见几个和尚在收拾碗筷、打扫卫生。

"你们吃完了？"王播有些不解地问道。

"嗯！"和尚继续埋头扫地。

"不是才敲钟吗？"王播又问道。

"现在改为饭后敲钟了！"一个和尚懒懒地说。

王播明白了，这是在委婉地赶他走。

自尊心受挫的王播回到小破屋，立即收拾可以忽略不计的行李，走了！

气不过的他在寺院的墙壁上题了两句讽刺诗，具体内容是什么众说纷纭。在明朝小说集《石点头》中是这样写的:"时运未来君莫笑,困龙终有上天时。"但未必真实可信。

三

王播很走运,人到中年、没有背景的他考中了进士,同年又参加制举贤良方正科考试,因成绩突出,直接被派到盩厔(zhōu zhì,今陕西省西安市周至县)当了县尉,对比韩愈、温庭筠等人,他仿佛被幸运女神深情拥吻。

虽然官职不高,但他异常珍惜,在平凡的岗位上干出了不太平凡的事业。他明察秋毫,断案神速,得到了朝廷御史中丞(仅次于御史大夫)李汶的赏识,被推荐为监察御史,负责监察百官、巡视地方、纠正冤假错案。

当上监察御史后,他不畏权贵,刚正不阿,又升为侍御史。在接近权力巅峰时,他不小心得罪了京兆尹,因此被贬为三原(今陕西省咸阳市三原县)县令。

一般文人如果遭此打击,定会牢骚满腹,消极怠工。王播却依然踏踏实实地做好每一件小事,朝廷考核的时候,他的政绩被评为京城地区的第一名——"畿邑之最"。

唐顺宗即位后,王播出任长安县令。他积极组织扫黑除恶行动,关心民生,出色地完成了当年救治饥荒的任务,百姓都很爱戴他。王播凭自己脚踏实地的努力升任刑部侍郎、礼部尚书等职。唐宪宗即位后,王播还有一份非常重要的兼职——诸道盐铁转运使。他要管理当时天下最有利可图的行当——盐铁专卖,可见朝廷对他的

咕叽，
咕叽。

咚

是开饭的声音！

改为饭后敲钟了！

信任。

后来淮西（今河南省汝南县）吴元济叛乱，唐宪宗命令各路兵马讨伐。打仗极为消耗钱粮，兼任盐铁转运使的王播分身乏术，便推荐手段更加高明的程异为副使，让他赶紧到江淮地区督促财赋税收。王播保证了后方钱粮运转稳定，为平叛战争的胜利做出了巨大贡献。

人红是非多，宰相皇甫镈一看，这小子向上爬得太迅速，政绩太耀眼，将来会不会取代我？于是他找理由把王播调离中央，让他担任剑南西川（今四川省成都市）节度使。虽然官职不低，却让王播离开了权力中心。他一手栽培与提拔的程异，竟然接替他的位置，风风光光地担任盐铁转运使。

一心做事，成绩突出，却抵不过别人一两句谗言。是我错了，还是这个世道错了？王播开始反思过往。

王播想开了，既然世道不公，他也不能再像之前一样天真。

"皇帝身边必须有我的人，中央必须有我的传声筒！"

"找谁呢？谁红就找谁。怎么找？拿钱砸。如何搞钱？哼，豁出去了，他们做得，我也做得！"

遇不到明君，王播决定变身"小人"，黑暗的时代就该用腹黑的手段。

从此，王播开始"黑化"，一改以往的为人作风与行事原则，从全心全意为人民服务，变成一心一意为权贵服务。他疯狂敛财，收买人心，皇帝身边渐渐有人帮他说好话了。

后来，唐穆宗即位，奸相皇甫镈被贬出朝廷，第一时间得到消息的王播瞄准宰相的位置，开始多方运作，贿赂皇帝身边的宦官。很快，他从西川调入长安，担任宰相，迎来了他的巅峰时刻。

可惜这时的王播不再认真工作，凡事睁一只闭一只眼，或者干脆两眼一闭，懒得理你！

当时地方叛乱，作为宰相的他居然一句建议都懒得说，"不措一言"。皇帝不高兴了，我让你担任宰相是来耍酷的吗？直接给他降级，把他调到淮南（今江苏省扬州市）当节度使。

这一次，王播没有那么紧张和彷徨，他知道自己迟早会回来的。他不是对自己有信心，而是对钱有信心。当时淮南正遭受旱灾，百姓们穷困潦倒，王播却一心搞钱，想方设法增加税收，充实自己的金库。唐敬宗继位后，重用宦官王守澄。王播寻找奇珍，抢夺异宝，进献给王守澄，王守澄又以此充实皇帝的金库，哄皇帝开心。

可惜十七岁的唐敬宗沉迷玩乐，昏庸无能，竟然被宦官杀死了，王播也失去了被提拔的机会。

唐文宗继位后，王播第一时间拿钱跟新皇帝套近乎。"献玉带十有三"，"进大小银盝三千四百枚，绫绢二十万匹"，王播的钱花得立竿见影，他又重回巅峰，成为宰相，并继续兼任盐铁转运使。

四

此时，站在寺院的王播，回想起自己的前半生，心潮澎湃，看着年轻时写下的诗句，只觉得可笑。他早已不再愤懑，不再赌气，他提起毛笔,若有所思。围观的和尚们很紧张,王大人这是要画个圆圈,中间再写一个"拆"字吗?

王播在原诗的旁边续写道:

三十年前此院游,木兰花发院新修。
如今再到经行处,树老无花僧白头。

我曾经在此小住,那时木兰花开,寺院新修;现在重游此地,树木枯黄,僧侣白头,僧侣……

忽然钟声响起,他的内心仿佛被重重一击。唉,宰相肚里能撑船。不训斥他们了,但也得给后人提个醒,别总是狗眼看人低。他又题诗一首:

上堂已了各西东,惭愧阇黎饭后钟。
三十年来尘扑面,如今始得碧纱笼!

当年你们为了不让我这个穷人吃口饭,煞费苦心地搞个饭后钟;三十多年过去了,如今却把我题在墙上的诗当作宝贝一样供起来。

众和尚们松了一口气:还好,还好,不用下岗了!

晚唐时局变幻莫测,皇帝频繁更换,奸邪小人轮番登场,可王播却能稳坐钓鱼台。他虽有行贿的污点,却也算不上大奸之人,史书记载他能做别人无法胜任的工作,在淮南节度使的任上,也曾主持修建水利工程,恩泽一方,造福百姓。

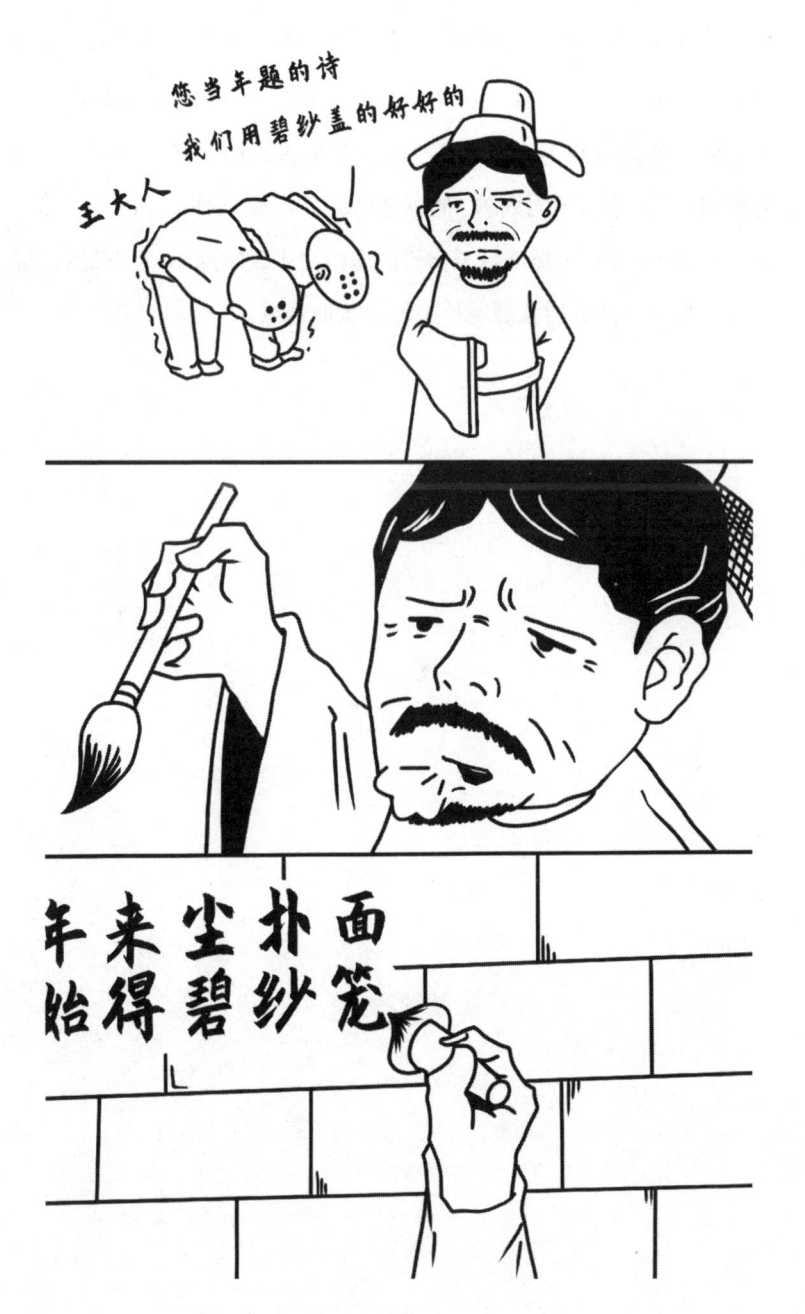

王大人，您当年题的诗我们用碧纱盖的好好的

年来尘扑面
始得碧纱笼

王播历经唐穆宗、唐敬宗、唐文宗三朝，两次出任宰相。虽使用了一些非常规的手段，但也没做太多伤天害理的事，毕竟他曾经也是刚正不阿的有为青年。在他七十二岁去世的时候，唐文宗还为他罢朝三天，追封他为太尉，他也算享尽了荣耀。后世文人一边数落，却又一边羡慕他，王播从毫无背景的寒门之中脱颖而出，也算是对"拼爹、拼祖宗"社会的强烈地反击与嚣张地呐喊。

李绅·从"粒粒皆辛苦"到"粒粒都拿走"

一

"这还是当年那个喊着'粒粒皆辛苦'的小伙子吗?"从中央被贬到苏州任刺史的刘禹锡看着宴会上美艳的舞娘、奢华的排场、奇异的菜式,心中感慨万千。他想起了《悯农二首》中的诗句:"四海无闲田,农夫犹饿死""谁知盘中餐,粒粒皆辛苦"。

年少时的李绅深感农民的辛苦和不易,写下《悯农二首》,名闻天下。可他当了大官后,竟成了"奢侈享乐界"的一面旗帜。他不再把百姓的苦难挂在嘴边,而是想方设法搜刮钱财,吃喝玩乐。

瞅着李绅油腻的大脸、凸出的肚子、沾着肉汁的嘴唇,刘禹锡作了一首《赠李司空妓》:

高髻云鬟宫样妆,春风一曲杜韦娘。
司空见惯浑闲事,断尽苏州刺史肠。

"司空见惯"一词就出自这首诗,司空是当时李绅所任的官职。

二

　　李绅原来也是个好青年,他是为何变成这样的呢?

　　李绅的曾祖父李敬玄曾任中书令(相当于皇帝的秘书),只是到了他父亲这一代,家族就不再有之前的辉煌,他的父亲只是县里的小官吏。李绅出生不到一年就得了一场大病,差点去跟阎王爷握个手,好在他大难不死。没过几年,李绅的父亲去世,母亲既当爹又当妈,还得当老师,教他读书写字,吟诗作赋。李绅年幼时尝尽了人间之苦。十五六岁时,他跑到无锡惠山寺读书,顺便蹭点饭。

　　学成以后,他到长安参加了进士科考试。在行卷的过程中,他的《悯农二首》令吕温刮目相看,李绅虽然没因此名震天下,不过也算被贵人赏识了!

　　李绅没有一举得中,经过几次挫折后,才终于考中进士,接着又通过吏部选拔,担任国子监助教。也许他不想只当个大学老师,于是又跑到金陵节度使李锜那边做了参谋,后来因不满李锜谋反一事,被陷害入狱。李锜被杀后,李绅获释,他又回到无锡惠山寺读书修炼。

　　没过几年,李绅被调往长安担任校书郎,成了皇家图书馆的编辑,工作轻松,时间很多,于是他总结自己写诗的经验,和好朋友元稹、白居易等人共同发起了著名的新乐府运动。西汉设置乐府机构,专门给皇帝与宫廷创作"流行歌曲",这些歌曲通俗易懂,反映现实。李绅、白居易等人主张恢复乐府诗的传统,从百姓的生活中收集素材,创作诗歌,让皇帝、官员们欣赏的同时,也了解社会现实,为治国理政提供参考与借鉴。

新乐府运动大大提升了李绅的名气，他坐上了升迁的"直通车"，先后任右拾遗、翰林学士、户部侍郎、御史中丞，离权力中心越来越近，离"谁知盘中餐"越来越远。官位升级了，享乐也升级了。据说他喜欢吃鸡舌头，每次开宴都要宰杀几百只鸡，每顿饭都要花费无数银钱。所以刘禹锡到他家做客时，受到了强烈的视觉与味觉冲击，让他不禁感叹：城里的人真会玩。

人无千日好，花无百日红。李绅的好日子也快到头了。

当时朝廷中有两个派别，即牛党和李党，双方斗得你死我活。两派头领分别叫牛增孺和李德裕，他们从唐宪宗时期一直斗到唐宣宗时期，持续了四十多年。唐朝科举考生一旦被录取，必定对主考官和推荐人心存感激，考生也甘心成为推荐人或主考官的门生，这样一来，自然而然就形成了相互关照的集体，由此逐渐演变为朋党关系、利益集团。唐朝中后期的党争越来越激烈，跟这种风气有很大关系。到了宋朝，变成由皇帝亲自授官，也没了行卷和推荐人，所以大家都成了"天子门生"。

李绅是李党的核心人物之一，与李德裕、元稹一起被誉为"三俊"。斗争总有高潮和低谷，李党跌入低谷后，李绅被贬到端州（今广东省肇庆地区），由中央领导变成了基层官员。

他仰望着寒风中的松树，感叹"负栋梁兮时不知，冒霜雪兮空自奇"。唉！郁闷、愤怒、忧伤、哀怨等情绪涌上心头，他提笔写下了著名的散文《寒松赋》。他鼓励自己要像寒风中的松树一样耸立云霄，"驱雷击电除奸邪"。

三

此后，李绅辗转各地做官，心肠越来越硬，做事越来越绝，他不再关爱百姓，不再体谅别人。当地百姓们一听说李绅大人来了，竟有人外出逃难，免得被剥削。当年的"粒粒皆辛苦"变成了"粒粒都拿走"，百姓手中的财富瞬间被掏空。

下属向他报告："老板，这样不行啊，老百姓跑了不少啊！"

李绅不慌不忙地说："走就走了，你见过用手捧麦子吗？饱满的颗粒总是在下面，那些秕糠随风而去，不必报来。"

除了敛财，他还时不时地整下人。据《云溪友议》中记载，李绅发达之前，经常去拍李元将的马屁，叔叔长、叔叔短地叫着，他发达以后，李元将跑来巴结，主动降低身份。"这不是李大哥吗？哈哈！"李绅闭着眼睛没说话。"叔叔？"李元将反思自己是不是称呼错了，叫了一声叔叔！依然没有搭理。"爷爷？"李元将豁出去了。一声爷爷喊出来，李绅勉强地接待了对方。

这件事有可能是别人诬陷李绅而捏造出来的。《云溪友议》是一本笔记小说，不算正史。真正让李绅被千夫所指的，是他晚年经手的一件案子。

牛、李两党斗来斗去，李党党魁李德裕再次回归权力中心，成了宰相，李绅出任淮南节度使。当时扬州江都县尉吴湘被人举报贪污公款、强娶民女，李绅没有仔细审查，就将吴湘打入大牢，判处死刑。案子报到中央，有人替吴湘喊冤，朝廷派出御史崔元藻前往扬州复查。调查后发现，吴湘的确贪污了些银子，但罪不至死。强

谁知盘中餐，
粒粒皆辛苦。

再上一盘鸡舌头！

娶民女的事情根本不存在，女方自愿嫁给吴湘的，所以够不上死刑。

李绅没有理会调查结果，强行杀了吴湘。

至于李绅为什么急着杀掉吴湘，正史没有详细记载，传说倒是有好几种。从各种史料来推测，李绅杀掉吴湘大概率还是出于政治斗争的原因。吴湘应是牛党成员，如果没有背景，一个小小的地方县尉死了，不可能惊动中央，而且还有人为他喊冤；御史崔元藻回京后说吴湘罪不至死，宰相李德裕立即将崔元藻贬去地方，极力维护李绅；李绅作为地方节度使，如果没有特别的理由，没必要和小小的县尉过不去。

历史的真相如今已不可考，但李绅喜欢玩政治游戏，倒是有史料记载的。李绅凭借政治手段成了宰相，不久又晋升为尚书右仆射（首席宰相，唐朝的宰相不止一个），被封为赵国公（公、侯、伯、子、男荣誉称号中的第一等），他真正登上了权力巅峰。

唐宣宗继位后，立即用雷霆手段结束了牛、李党之争，风光无限的李党成员大多都被贬往偏远的地方。吴湘的哥哥吴汝纳也终于等来了机会，请求朝廷复查弟弟的案件。唐宣宗正好借机削弱李党的势力，经过深入调查，最终为吴湘平反。大家回首找当初这个案件的负责人，发现李绅已因病去世，和吴湘做伴去了。

死也不能放过他！李绅被朝廷定性为酷吏，荣誉称号被剥夺，子孙不得做官。

四

他的下场既有政治斗争的因素，也有自己的因素，但他的人品可能也不像传说中那么差。

在担任淮南节度使时，一直跟李绅对着干的江南郡守张又新光荣下岗，成了平民百姓。喜欢喝茶的张又新写了一本《煎茶水记》，跟陆羽的《茶经》齐名，也是有才之人。可惜老天没有怜惜这个刚失业的人，在坐船回老家的时候，他的两个儿子意外淹死。接着他来到李绅的地盘。悲痛加上担心，让他神经紧绷，彻夜失眠。他担心李绅会报复自己。

思来想去，他决定写封道歉信。他都已经这么惨了，李绅总要有点同情心吧？于是他写了一封长信，用诚挚的感情打动了李绅。李绅毕竟曾写出过《悯农二首》，还保留了些慈悲心，他大气地给张又新回了信："过去的争论，如今我怎么能记恨？互相之间不对的地方，我早忘光了。"两人冰释前嫌，竟成了好朋友。

两人经常一起喝酒谈天。有一天，张又新发现前来跳舞助兴的大批美女之中有一个熟悉的身影。

"是谁呢？哦，是她！"张又新发现那是自己的初恋女友，女方也发现了多情的初恋男友，四目相对，泪眼蒙眬。

她现在是李绅府上的舞女，张又新有话也不敢说。

趁着李绅回房换衣服的间隙，张又新借着酒胆用手指蘸着酒，写下一首诗：

云雨分飞二十年，当时求梦不曾眠。
今来头白重相见，还上襄王玳瑁筵。

我想你二十年了，如今快要白头才得以相见，却是在这种无奈的场合。

女子流泪唱着诗,张又新喝着闷酒。回到座位的李绅一眼就看明白了,多大点事!

随后,喝得烂醉的张又新迷迷糊糊地被心爱的女子扶回了家。

这个成人之美的故事出自《本事诗》,不一定是真实发生的故事,但也可以看出人们对李绅的人品还存在一定的幻想,毕竟他是留下千古名句"粒粒皆辛苦"的诗人。

薛涛·男人的嘴，骗人的鬼

一

众里寻他千百度，能如何？明知山有虎偏向虎山行，又能如何？飞蛾扑火的过程壮观、热烈，只能打动自己，却打动不了火，烧成灰烬谁还能认得你？

女人执着追求爱情多年，却一无所获。她执意脱下美丽的红裙，套上灰色的道袍，从此与翠竹、虫鸟相伴，听流水潺潺，看落花飘飘。

她提笔写下一首诗——《蝉》：

露涤清音远，风吹数叶齐。
声声似相接，各在一枝栖。

我们相隔一方，互不打扰，各自安好。为了避开纷纷扰扰，女人从热闹的浣花溪，搬到碧鸡坊（今四川省成都市金丝街附近），筑起一座吟诗楼，终身未嫁，孑然一身。大和六年（公元832年）夏，她在蝉声中安静地闭上了双眼。

第二年，曾任宰相的段文昌为这个名扬天下的女人亲手题写了墓志铭，墓碑上写着"西川女校书薛涛洪度之墓"。

这个女人的名字叫薛涛，在一众唐朝女诗人中，她留下来的诗最多，共九十一首。

二

少女时期犹如绽开的桂花，香气四溢却又很快凋谢。父亲薛郧在京城长安当官，唯一的女儿自然不愁吃穿，薛涛从小就读书识字，吟诗作画，智商、情商远超同龄人。八岁那年，父亲望着高大的梧桐树，诗兴大发，吟道："庭除一古桐，耸干入云中。"

思路突然断了，下面该接什么呢？

"枝迎南北鸟，叶送往来风。"薛涛想都没想，就轻松搞定了。

好，好！唉，可惜是个女孩，不然定能进士及第。父亲惊喜之余，又略感惋惜。

京官不好混，朝廷水很浑。为人正直的薛郧因为得罪权贵而被贬到蜀地，一家人只能离开繁华的都市，来到边远小城，心情抑郁加上环境恶劣，薛郧染上重病而命赴黄泉。

家里的顶梁柱坍塌，十六岁的薛涛迫不得已加入乐籍，成为歌伎。乐籍制度始于西汉，终于清朝，就是将罪民、战俘等群体的妻女及其后代登记在册，世代从事音乐技术工作。乐籍女子由政府统一管理，有正式编制，收入稳定，主要任务就是在官员、权贵们饮酒聚会的时候，跳舞陪酒，吹拉弹唱，哄他们开心。

算干入云中……不中啊
庭除一古桐，

叶送往来风
枝迎南北鸟

别看地位不高，要求还挺多的。加入乐籍的女子在上岗之前，必须接受严格的专业知识培训，通过"职业技能鉴定考试"，诗词歌赋、音乐舞蹈、琴棋书画，样样都得会一点儿，最好都出彩。

有时，官员、名人比市井无赖还难伺候，他们吃喝应酬的时候，不仅要看女人的脸蛋，还得看女人的修养，时不时地出道诗歌题目考考她们，如果答不上来，岂不扫兴？

扫了他们的兴，你就得去扫地！

薛涛不仅外貌端庄美丽，而且才华横溢，思维活跃，口才一流，很快从众多女人中脱颖而出。文人们蜂拥而至，官员们赠诗求爱。来而不往非礼也，别人写诗给你，你得回应一下啊！薛涛的酬赠诗就有三十多首。

《酬人雨后玩竹》便是其中非常有名的一首：

南天春雨时，那鉴雪霜姿。
众类亦云茂，虚心宁自持。
多留晋贤醉，早伴舜妃悲。
晚岁君能赏，苍苍劲节奇。

在南方春天的雨后赏竹，怎能看到它不畏霜雪的英姿？但在春天可以看到竹子的虚心自持，它比周围平凡的草木，又多了一个优势。竹子的身边不是竹林七贤这样的高人，就是娥皇女英这样的美人，哪有凡人愿意待在这里？如果年终再来赏竹，就可以看到它傲对霜雪的样子。

不会书法的诗人，不是好诗人，北宋时期的《宣和书谱》中评价薛涛的书法:"作字无女子气,笔力峻激。其行书妙处,颇得王羲之法,少加以学,亦卫夫人之流也。"只要她稍加努力,就能与晋代书法家王羲之的启蒙老师——卫夫人华山论剑了。

三

贞元元年(公元785年),中书令韦皋出任剑南西川节度使,此人文武双全,地位显赫。《忆玉箫》是他的代表作之一:

黄雀衔来已数春,别时留解赠佳人。
长江不见鱼书至,为遣相思梦入秦。

一般女子怎能入韦大人的眼?当属下极力推荐薛涛的时候,他并不感兴趣,真的有那么夸张吗?

一次酒宴中,他看着薛涛,淡淡地说了句:"即席作首诗怎么样?"

薛涛从容拿起笔,一首《谒巫山庙》大功告成。

乱猿啼处访高唐,路入烟霞草木香。
山色未能忘宋玉,水声犹是哭襄王。
朝朝夜夜阳台下,为雨为云楚国亡。
惆怅庙前多少柳,春来空斗画眉长。

韦皋一边朗读,一边拍腿:"这哪里是女人写的诗啊!"多少楼阁亭台,多少风流名人,多少绝世芳容,最后还不是化作冷冷烟雨。

雨纷纷，旧故里草木深，你始终一个人。

妙！好！非常好！

经韦大人一夸，薛涛火遍各圈，天下闻风而动，只为一睹芳容。

韦皋不仅力捧她做"偶像派巨星"，还培养她做"实力派干将"，让她进入官府，处理公文，参与谋划。薛涛的做事效率极高，能够从容淡定地搞定别人抓头挠腮才能完成的工作，并且从不出错，而且她行事低调，从不张扬。

大领导震惊了，这个女人太牛了！升职加薪！

韦皋马上给朝廷打报告，请求提拔薛涛为秘书省校书郎，虽然校书郎的品级不高，但是门槛很高，进士出身、才华出众的男人都未必有机会获得，现在让一个乐籍女人轻而易举地获得，岂不动了很多人的奶酪？不断有人劝阻韦皋："倘若朝廷认为有失体统，岂不连累帅使声誉？"

虽然最终朝廷没有同意，但大家为了迎合大领导，嘴上称薛涛为"女校书"。蜀地官员为了求见、巴结韦皋，纷纷走薛涛的后门。

面对奔涌而来的珍奇异宝，薛涛嗤之以鼻。升官靠的是才能，这算什么？可毕竟她的身份是乐籍女人，不敢轻易得罪他们，于是不够圆滑的她干脆照单全收。

这不是让我为难吗？我是提拔那些人呢，还是不提拔？韦皋一怒之下，将薛涛发配松州（今四川省松潘县）。

从天堂落入地狱，从繁华走进荒凉，更让人刻骨铭心。薛涛后悔了，她的行为太轻率了，怎么办呢？

薛涛左思右想，感慨万千。有了！写下十首创意无限的悔恨诗——《十离诗》。

每首诗的题目依次是:"犬离主""笔离手""马离厩""鹦鹉离笼""燕离巢""珠离掌""鱼离池""鹰离臂""竹离亭""镜离台"。把自己比作犬、笔、马、鹦鹉、燕、珠、鱼、鹰、竹、镜,而把韦皋比作她所依靠着的主、手、厩、笼、巢、掌、池、臂、亭、台。只因为犬咬亲情客、笔锋消磨尽、名驹惊玉郎、鹦鹉乱开腔、燕泥污香枕、明珠有微瑕、鱼戏折芙蓉、鹰窜入青云、竹笋钻破墙、镜面被尘封,引起了主人的不愉快而遭厌弃,是我咎由自取,是我罪有应得!

笨女人的杀手锏是"一哭,二闹,三上吊",聪明女人的杀手锏是"哭得巧,闹得妙,上吊的时间刚刚好"。

薛涛用缠绵的文字低下高傲的头,用请罪的心情抹着悔恨的泪,献媚但不低俗,撒娇但不放肆,每个字都在轻声呼唤:"我错了!让我回家吧!"

韦皋看着十首诗,仿佛听到了那个娇滴滴的声音,看到了那个娇滴滴的女人,立刻命人把薛大美人接回身边,宠爱如初。

经此一劫,薛涛梦醒了,她在韦皋的帮助下脱去乐籍的身份,恢复自由,在浣花溪畔买了一栋别墅,院子里种满了枇杷花。二十岁的她过起了半隐居的生活。

后来韦皋暴病而亡,他的心腹爱将刘辟不经朝廷任命,就自立为西川节度使,企图起兵谋反,他想借助薛涛的影响力拉拢文人雅士。结果无论是威逼还是利诱,薛涛就两个字——不干!

刘辟可没有韦皋那么大度,不合作就用暴力,直接把薛涛发配到边远小城。

薛涛坚决不做叛贼，她从容淡定，飘然上路。

很快，朝廷得力干将高崇文平息叛乱，斩首刘辟，接任西川节度使，派专人专车接回不失大节的薛涛。从此以后，每任节度使都把她奉为座上宾。原本以为韦皋去世之后，自己就这样平淡地度过往后余生，却不承想她又谈了一场轰轰烈烈、恍恍惚惚的恋爱。

四

薛涛四十二岁那年，风流才子元稹任监察御史，出使蜀地附近，他早就听说美人大名，一心想要见到她。

迫不及待的元稹在朋友严绶的牵线搭桥下，终于见到了名闻天下的薛大美人。

元稹在二十五岁就考中进士，并且身材高大，文采一流，名扬天下，是才子与大侠、帅哥与诗人的完美结合。如果要说他的缺点，那就是花心。

不过，被爱冲昏头脑的女人都以为能够留住浪子的心，薛涛不顾一切地爱上了元稹。原来薛涛写的诗意境开阔，没有一点儿委婉凄楚，明朝唐诗专家胡震亨评论道："工绝句，无雌声。"风花雪月、缠绵悱恻的内容少，胸怀天下、慷慨激昂的内容多。

自从认识了元稹后，她写诗的风格截然不同。见面第二天，她就写下《池上双鸟》：

双栖绿池上，朝暮共飞还。
更忙将趋日，同心莲叶间。

我们要朝朝暮暮，卿卿我我，从此不分离！谈个恋爱，诗的风格都变了！两人手拉手徘徊在江边，穿过树林，相伴月下，拥抱风中，爱情如此甜蜜。元稹虽然比薛涛小十一岁，却是一位久经情场的老将，在花丛中到处抛洒露水，从不沾湿自己。他此番担任监察御史，去地方平反冤案，弹劾贪官，结果很快被官场老油条们排挤去了洛阳。

失意的元稹带着疲惫与郁闷远走，本想大展宏图的他却被无情的现实打压，哪里还有心思在这里缠绵呢？还沉浸在爱情甜蜜中的薛涛进退两难，元稹既没有说带她走，也没有说要把她娶回家。

孤独，寂寞，凄风，冷雨，无尽的单相思，薛涛痴痴地等待，始终不见元稹的信来。难道他把我忘了？那我就主动写信，一组《春望词》：

花开不同赏，花落不同悲。
欲问相思处，花开花落时。

揽草结同心，将以遗知音。
春愁正断绝，春鸟复哀吟。

风花日将老，佳期犹渺渺。
不结同心人，空结同心草。

那堪花满枝，翻作两相思。
玉箸垂朝镜，春风知不知。

春风吹过，花开花落，回头发现，你不见了，我突然就乱了。

你挥一挥手,不想带走一片云彩,是吗?

是的!

元稹根本无暇顾及薛涛,妻子韦丛突然去世,痛苦不已的他写下《离思五首》,其中两句名垂千古:"曾经沧海难为水,除却巫山不是云。"在元稹的眼里,只有出身名门、知书达理、贤惠持家的妻子才是他的最爱,其他不过是一阵云烟。

薛涛依旧不死心,是不是情意表达得不够明显?是不是书信写得不够创新?于是她发挥聪明才智,深入研究,不小心搞出了一项发明专利。

她把附近木芙蓉的树皮煮烂,融入芙蓉花的汁液和浣花溪的清水,做成桃红色的纸张,这种纸特别适合用来写情书,人称"薛涛笺"(笺指文书用纸)。此后,文人雅士、怀春少女都喜欢这种纸。

爱情冲昏了她的情商,却激发了她的智商。

薛涛把情诗写在粉色的笺纸上,一颗红心飞向元郎的身旁,而远方的元郎却并没有放在心上。

元稹属于极为理智型的恋爱高手,谈恋爱可以,结婚嘛,还得讲条件,"贫贱夫妻百事哀"就出自他之手。他不可能娶一个风尘女子,而且还是个姐姐,那会影响他的官场前途的。

元稹的事业如同过山车起起伏伏,时好时坏,但爱情犹如"同花顺"大小通吃,后来他又娶了安仙嫔。

收了薛涛那么多粉红色的信,那就回一封——《寄赠薛涛》:

锦江滑腻蛾眉秀,幻出文君与薛涛。
言语巧偷鹦鹉舌,文章分得凤凰毛。
纷纷词客多停笔,个个公卿欲梦刀。
别后相思隔烟水,菖蒲花发五云高。

蜀地美丽的山水养育了卓文君和薛涛这样的才女,口才、作文章都是一流,文人、公侯自愧不如。分别后,山重水阻也挡不住我的无限思念,就像庭院里的菖蒲那么繁盛,像天上的白云那么厚重。

收到情书的薛涛心潮澎湃,之前所有的怨恨和猜疑都消失了。

元稹因为跟当权宦官争夺豪华单人间(上厅)而被人暴揍一顿,贬到江陵做士曹参军,从中央大官变成地方小吏,第二任老婆又死了,此时的他人生失意,倍感无奈。

薛涛不顾辛劳,从四川跑到江陵,当面安慰他。元稹依旧不做任何承诺,薛涛伤心离去,再也没回头。

男人的嘴,骗人的鬼,元稹更是鬼中鬼。

后来,元稹娶了大家闺秀裴淑为妻。薛涛也淡然了,她身份卑微,谁又能真正爱上她呢?娶回家岂不耽误前程?感情中没有对错,自己一厢情愿地扑过去,怪不得别人。

她提笔给元稹写了最后一封信——《寄旧诗与元微之》:

诗篇调态人皆有,细腻风光我独知。

月下咏花怜暗淡，雨朝题柳为欹垂。

长教碧玉藏深处，总向红笺写自随。

老大不能收拾得，与君开似好男儿。

之前花前月下早已暗淡，写诗不过是一厢情愿，从此好自为之，我们只是普通朋友。

元稹重回中央，出任尚书左丞，走上事业巅峰，虽然他很快又被排挤到地方，绯闻却依旧不断，后来与有夫之妇刘采春眉来眼去，还将两位情人做了点评："她（指刘采春）诗才虽不如涛，但容貌美丽，非涛所能比也。"

薛涛没有伤心，也没有激动，穿上道袍，搬到碧鸡坊，名声依然震天响。

五

据说当时流传一个头条八卦：男诗人们写诗，第一个想给皇帝看，第二个想给薛涛看。给皇帝看是为了谋求官位，给薛涛看就是为了得到芳心。

刘禹锡、王建、杜牧、白居易、张籍、张祜等人都蹭过薛涛的"热度"。

薛涛早已淡然，独自过起了舒适悠闲的隐居生活。

她晚年的诗歌风格又恢复之前的磅礴气势。李德裕出任剑南西川节度使时，修建了一座筹边楼，平时他跟属下在这里谋划军事。他收复了被吐蕃占领的地区，维护了西川地区的安宁，可他被调离以后，边疆纠纷再起，百姓流离失所。年迈的薛涛登上这座楼后，

感慨时事,写下《筹边楼》:

平临云鸟八窗秋,壮压西川四十州。
诸将莫贪羌族马,最高层处见边头!

筹边楼高耸入云,窗外一片清秋,气势雄伟,豪壮威震西川四十州。各位将领不要贪图羌族的骏马,站在最高层,可看到边塞的尽头。

隐居并未隐身,出世并不避世,晚年的薛涛豪迈依旧。

白居易·财务自由了,懒得搭理你

一

"阿婆,您听得懂这首诗吗?"

"你说什么?大声点儿!我耳朵聋。"

"离离原上草,一岁一枯荣。野火烧不尽,春风吹又生。"一位长相清秀的少年念着诗,他要拿这首诗到京城行卷,请别人推荐。他写诗的风格就是要每个人都听得懂,但又区别于低级的打油诗。

"啊,听懂了。不就是说野草在春天长出,冬天死掉,就算被野火烧焦了,春风一吹,它又长出来了吗?"老太太对这首诗的解释很到位,少年很开心。

少年名叫白居易,字乐天,祖籍山西,生于中唐时期的河南新郑。他的家境不错,父亲白季庚有战功,官至徐州别驾。那时,大唐日落西山,地方藩镇割据,他父亲为了保护家人,把一家人送到宿州符离(今安徽省宿州市),白居易在这里度过了童年时光。

他没有浪费年少时光,埋头刻苦读书。他写诗的风格不像李白

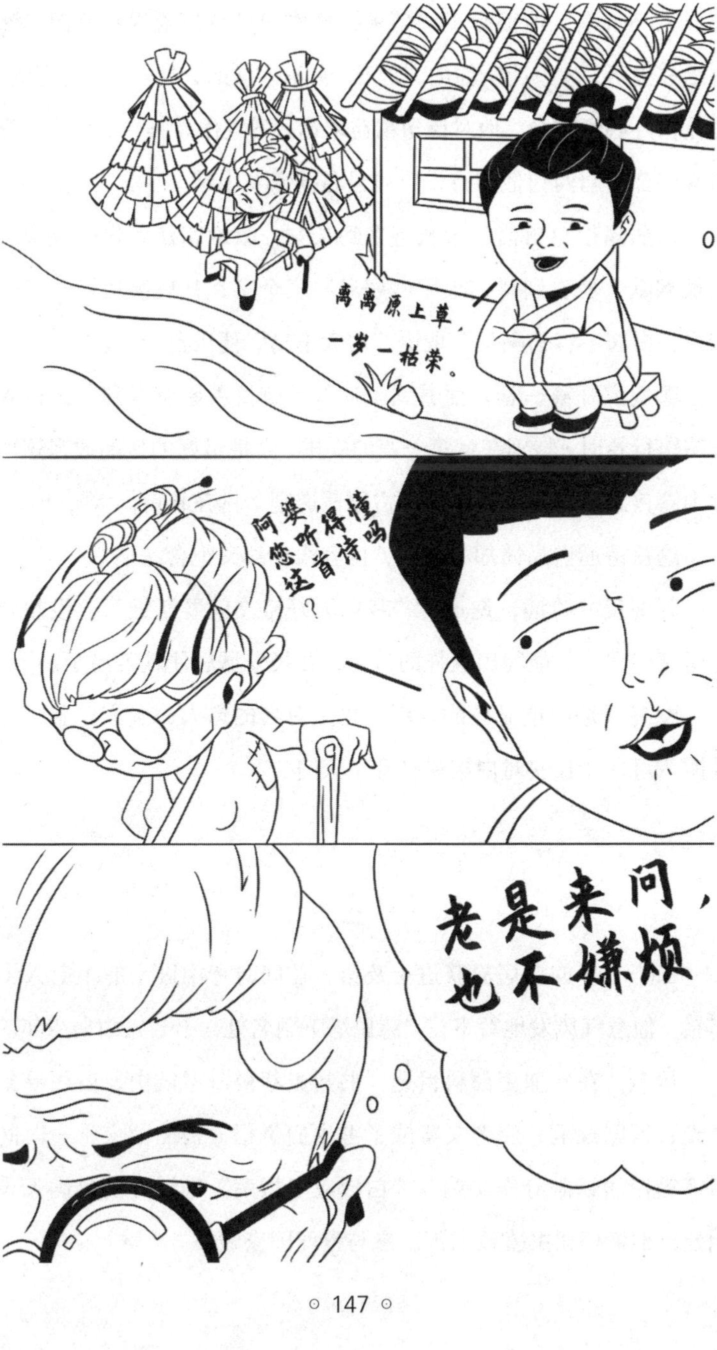
离离原上草，
一岁一枯荣。
阿婆，您听得懂这首诗吗？
老是来问，也不嫌烦

那样天马行空，他很有工匠精神，每作一首诗都要反复修改，然后念给邻里听，大家能听懂的，留下；听不大懂的，改。白居易写的诗，能让百姓心领神会。他对诗句精益求精，不故作高雅，不故作艰涩，百姓们都爱唱两句他的诗，白居易名扬家乡小镇。

  白居易很有自信，带着诗来到长安，献给朝廷著作郎顾况。顾况很幽默，他看到诗稿上"白居易"三个字，开玩笑地说："长安米贵，白居不容易啊！"成语"居大不易"便出自于此。

  顾况翻开第一卷，便看到了那首《赋得古原草送别》。诗人们在编辑行卷时，特别在意第一篇的安排，会把最好的作品放在这里，称为卷首。白居易便将《赋得古原草送别》排在卷首。

  这首诗通俗易懂却不平庸，内容浅显却又饱含深情。

  顾况反复吟诵，说道："我以为好诗文就要断绝了，没想到在这里又读到了。能写出这样的诗句，在长安城居住就容易了。"

  顾况既是地位显赫的大臣，也是有名的诗人、画家、鉴赏家。他的认可，让长安对白居易打开了大门。

二

  二十七岁的白居易获进士及第，在同时考中进士的十七人中最年轻，他意气风发地写下："慈恩塔下题名处，十七人中最少年。"

  接着，在参加吏部科目选"书判拔萃科"考试中，白居易条理清晰，答题规范，应考文章成了考生们争相模仿的范文，一时间，"考霸白居易满分作文选""白氏应考指南"等辅导资料满天飞。朝廷让他担任秘书省校书郎，参与整理国家藏书。

慈恩塔下题名处，
十七人中最少年。

也许是不想只做图书管理员，白居易后来又参加了朝廷的制科考试，这是特殊的临时性考试。在古代，皇帝哪天心血来潮，立个名头，就弄场考试。这种考试的叫法五花八门，什么"才识兼茂明于体用科""博学宏词科""识洞韬略堪任将帅科""贤良方正直言极谏科"等，考中的人一般都会给个官职。

白居易在"才识兼茂明于体用科"中再一次展现"学霸"风采，顺利通过考试，出任周至县尉。

工作稳定了，白居易接下来要拥抱生活。一天，白居易、陈鸿、王质夫三人一起到仙游寺游玩，这里离杨贵妃殒命的马嵬坡只有几十里远，三人聊起唐玄宗与杨贵妃的往事时，王质夫鼓动道："小白，作首诗来纪念这件事，如何？"

白居易的创作热情被调动起来，他创作出了惊天地泣鬼神的长诗《长恨歌》：

……回眸一笑百媚生，六宫粉黛无颜色。春宵苦短日高起，从此君王不早朝……在天愿作比翼鸟，在地愿为连理枝。天长地久有时尽，此恨绵绵无绝期。

此诗一出，谁与争锋？

白居易的名字传遍了长安城。

第二年，朝廷提拔白居易担任进士考官，授翰林学士，考霸变成了考官。第三年，又升他为左拾遗，这个官职在古代主要作用就是拾起皇帝遗漏的东西，比如政策、决策、失误等，属于谏诤机构，类似现在的监察部门、巡视组等。

白居易的人生到目前为止一帆风顺，谁都想不到，后面还有那么多波折等着他。

三

在左拾遗的岗位上，白居易频繁上疏言事，还写了很多反映社会现实的诗，希望能让皇帝发现错误并及时纠正。他践行"殚思竭虑，以尽微臣献言之道乎"的原则。

可尽心尽力的人未必能得到皇帝的喜欢。唐宪宗烦了，心想："偶尔听他一两句，显得我虚怀若谷、海纳百川，每天都来说，这小子想干什么？"

唐宪宗向心腹大臣李绛抱怨："朕提拔白居易，悉心栽培他，可他现在却老是跟朕作对，太不知轻重了！"

好在李绛为人正直，他劝皇帝说："白居易犯颜直谏，却是一片忠心，哪位明君手下没有这样的人呢？"

白居易更起劲了，他经常上疏言事，指出别人的错误，他还建议皇帝不要重用宦官，把皇帝身边的宦官都得罪了。

"年轻人，不知道天高地厚！我们没练过《葵花宝典》，还没学过《罗织经》吗？"

接下来的一件事，把白居易推上了风口浪尖。

宰相武元衡、裴度在返回长安的路上遭遇暗杀，武元衡暴尸街头，裴度重伤昏迷。光天化日，竟有人如此嚣张，白居易坐不住了，他不顾职权范围，上疏主张缉拿凶手，严厉惩处。但事情并不简单，他被人反咬一口，说他越职言事，不把皇帝放在眼里。

疯狂的报复开始了。白居易的母亲在赏花时不幸掉入深井淹死，而他诗歌里因有"赏花"和"新井"的字眼，立刻被人抓住把柄说他不孝。

墙倒众人推，唐宪宗正好顺水推舟，将爱提意见的白居易贬为江州（今江西省九江市）司马。

司马是州刺史的助手，在中唐时期专用来安置被贬的官员，算是变相降职。这次贬谪成了白居易人生的重要转折点，他的激情渐渐冷却了，他开始寻找人生的意义。

有一日，白居易站在浔阳江头，他望着漆黑的天空，寂寞在心头滋生开来。

忽然，江上传来凄婉幽怨的琵琶声，他前去打听，原来是一名年老色衰的歌女正用音乐抒发心中的郁闷。相逢何必曾相识，同是天涯沦落人，江州白司马诗兴大发。

"浔阳江头夜送客，枫叶荻花秋瑟瑟……千呼万唤始出来，犹抱琵琶半遮面……别有幽愁暗恨生，此时无声胜有声……"

他越写越快，越写越长……

《琵琶行》，再一次使天下人震惊了。

四

没过多久，唐宪宗去世，新继位的唐穆宗欣赏白居易的才华，把他召回长安，担任中书舍人，替皇帝草拟颁发诏书等公文。回到中央的白居易毛病依然没改，不停地上疏议论国家大事，但始终没被皇帝采纳。

"唉,看来皇帝只想让我玩玩文字游戏,根本看不上我的政治才能,不如走吧。"

白居易请求到外地任职,之后,他连任苏州、杭州两地刺史。

在杭州,他亲自主持修建六口古井,解决了长期困扰杭州百姓的饮水问题;集中治理淤塞的西湖,缓解城中旱灾,灌溉周边农田;写了一篇总结治理西湖先进经验的文章——《钱塘湖石记》,详细讲述治理湖水的方法与注意事项,成为后世治理西湖的绝佳"说明书"。

在苏州,他又主持开凿山塘河,大大方便了苏州城的水陆交通。

白居易从政风格跟他的诗歌一样,从百姓中来,到百姓中去,脚踏实地做惠民工程,不搞花架子形象工程。

工作之外,今朝有酒今朝醉,生活玩出新花样。

担任杭州刺史的时候,白居易跟邻近城市的几位刺史钱徽、李穰及浙东观察使元稹,以诗歌作内容,用竹筒作信封,相互交流探讨治理经验、生活创意。今天你怎么玩的啊?有什么工作创意啊?为后世留下了诗筒的典故。

既然不能兼济天下,那就独善其身。白居易开始研究佛法,自号香山居士,他调整心态,恬然淡定,将主要精力放在山水诗歌的创作上,成为晚唐、两宋诗词冲淡风格诗的第一代掌门,诗歌境界越来越高。据说新罗(现在的韩国地区)商人来到长安以后,不去买绫罗绸缎,而是去买白居易的诗歌,因为他们的宰相放出话来,一百两换一篇白诗。利润可观必然刺激高仿,有人觉得,这种白话诗歌,我也能写,于是沾沾自喜地献上高仿作品,结果被宰相一眼识破:"你以为白诗就是白话吗?来人,拉出去暴打,竟然敢侮辱我的偶像。"

白居易做梦也没想到,他的诗歌不仅成了暴利产品,还成了唐王朝向外文化输出的软实力。好朋友元稹酸溜溜地感慨:"自篇章已来,未有如是流传之广者。"意思是从有诗歌以来,还没见过销路这么好的。白诗畅销海内外,白居易成了名副其实的"国际当红巨星"!

此时的白居易也不再像年轻时那样提建议了,而是把战斗留给年轻人,把享乐留给自己。干脆上疏辞职:哥要潇洒地过后半生!

朝廷考虑到白居易的社会名气与为政业绩,对他比较厚道,同意他退休并给他刑部尚书待遇,领取一半的工资(唐朝退休正常制度,领取半俸)。

他将精力放在自家宅子上,扩建、修葺、绿化等,忙得不亦乐乎。

打理好宅子后,白居易将最后的时光交给了朋友和山水,他和胡杲、吉皎、郑据、刘真、卢贞、张浑组成"七老会",安度晚年。他们一起唱唱歌,吹吹牛,跳跳广场舞。他在潇洒中寿终正寝,享年七十五岁,在唐代诗人中是仅次于贺知章的老寿星。

白居易从小就是学霸,拼命读书,练好本事,既能写诗又能写文章,还精通应试技巧。他先把自己变得强大,再想办法让积蓄增长。工作踏实地干,被贬去远方也不顾影自怜。远离是非去外地,既不荒废工作也不委屈自己,工作、生活严格区分却又相互依靠。一旦有了足够的实力,就潇洒畅快地过后半生。

虽然有个好家境,工作也得时刻拼命!在任何时代,总有一些人活得精彩纷呈。

贾岛·生前吃斋念佛，身后尽是传说

一

在唐朝，孟郊与贾岛并未齐名，后世大文豪苏轼一句"郊寒岛瘦"才把两人放在一起。他们写诗的风格都是"苦"，他们尝尽了人生的苦，失去了快乐的能力。

孟郊的外号叫"诗囚"，贾岛的外号叫"诗奴"。

贾岛的家庭条件比孟郊还困难，正史没有明确记载他在哪里出生，只是说他曾经住在房山石峪口石村。后来他实在穷得没办法，只能出家当和尚，法号无本，自号碣石山人。很多"贫困生"如王播、孟郊等到寺院读书，但没有皈依佛门，而贾岛估计穷得连衣服都买不起，只能出家穿上了僧袍。

贾岛在寺庙读书识字，学有所成。在深山老林中，总能遇到一些隐居高人，贾岛没事干就去找高人们聊天。有时高人不在家，他就吟道：

松下问童子，言师采药去。

只在此山中，云深不知处。

当然，关于贾岛的流传最广的故事，还是那个"推敲"的故事。

一天，贾岛去长安城郊外，拜访一个叫李凝的朋友。夜深人静，月光柔和，李凝不在家，贾岛感觉很失落，那就作首诗吧！他一边骑着毛驴返回长安城，一边苦苦思索诗句："鸟宿池边树，僧推月下门。""僧敲月下门？""敲"字好呢，还是"推"字好？我是推门进去了，但诗这样写好不好呢？

"闪开，闪开！前面那人干吗呢？"

挡在路中间的贾岛惊动了仪仗队，他被带到一名官员面前。

"你为什么要挡路？"官员质问眼前这个看着有点呆的和尚。

"我刚刚在吟诗，有两个字拿不定主意，不知道用哪个好。"贾岛淡定地说，还在想着诗的事。

"哦？把你的诗念来听听！"官员顿时来了兴致，也没怪罪贾岛的无礼。

贾岛念起了刚才的诗。

"还是'敲'字好，一来证明你懂礼貌，没有鲁莽闯进；二来夜深人静，'敲'字多了几分声响，显得更加幽静；三来'敲'字更能让人感觉到你的期待。"

哎哟，来了个高手啊！贾岛一打听，原来这位是威震文坛的韩愈，他随即拜韩愈为师，学习作诗技巧。贾岛也顺利完成了《题李凝幽居》：

闲居少邻并，草径入荒园。

僧推月下門？
僧敲月下門？
　推？敲？

我覺得敲好！

鸟宿池边树,僧敲月下门。
过桥分野色,移石动云根。
暂去还来此,幽期不负言。

"推敲"这个词语一直沿用至今。

这个故事虽然流传很广,但不一定完全真实。

二

正史记载,贾岛写了一首《携新文诣张籍韩愈途中成》,从洛阳跑到长安去求见张籍和韩愈,献诗求推荐。当时韩愈去了洛阳,他只见到张籍,于是他又跑回洛阳,终于见到了韩愈。韩愈看了贾岛的诗歌,很是满意,希望他能参加科举考试,施展才华。

"正合我意啊!"贾岛内心兴奋不已。

贾岛随韩愈前往长安,暂住在青龙寺,结识了朱庆馀等一批诗人。

贾岛非常痴迷于写诗,他沉浸其中,字字推敲,专注于五言律诗。唐朝的科举考的就是五律和五言八韵的试帖诗,写五言律诗相当于应试模拟作文。贾岛每天研究五言律诗,总结写作规律,他的好朋友姚合在《送贾岛及钟浑》中提到:"日日攻诗亦自强,年年供应在名场。"为了考试,贾岛也是拼了。

贾岛不愧是韩愈的徒弟,他继承了师父"斗士"的品格,"愿作出海月,不作归山云",经过长期的学习,贾岛信心满满。长庆二年(公元822年),他大摇大摆地走上考场,这一次,他要扼住命运的咽喉！可命运反手就打得他遍体鳞伤。

一条爆炸性的新闻占据了街头巷尾，十个考生被定性为"举场十恶"，贾岛便是其中一恶。史料《鉴诫录》中有粗略的记载："贾又吟《病蝉》之句以刺公卿，公卿恶之，与礼闱议之，奏岛与平曾等风狂挠扰贡院。是时逐出关外，号为十恶。"意思是贾岛写诗讥讽权贵，权贵们厌恶他，添油加醋地诽谤贾岛等人，说贾岛和平曾等人疯疯癫癫，讥讽科场，应该赶出长安。

贾岛到底怎么了？

他写了一首讽刺科举考试不公平的诗——《病蝉》：

病蝉飞不得，向我掌中行。
拆翼犹能薄，酸吟尚极清。
露华凝在腹，尘点误侵睛。
黄雀并鸢鸟，俱怀害尔情。

这只蝉因为有病，不能飞行而跌入人的手掌中，扇动折断的翅膀，发出凄惨的鸣叫。晨露干涸在它的肚子上，灰尘侵入了它的眼睛，黄雀、鸢鸟都流着口水，想吃掉它。

唐朝中后期，官场越来越黑暗，不糊名的科举制度和行卷风气导致考试也越来越不公平。很多权贵为了子女、亲戚、朋友，纷纷插手考试阅卷，长庆元年发生的科举案反映了这种考试制度的弊端。

被考试踩踏多次的贾岛自然清楚科举考场的黑暗，他心中有怨气，写诗发泄，得罪了不该得罪的人，主考官大笔一挥："无才之人，不得采用。"

与贾岛同时被赶出长安的还有平曾等九人,他们在同一天获得了同一个"光荣"称号:科举考场十大恶人。

贾岛相当于被一辈子禁考,他已经上了考场黑名单,永世不得翻身。

有人可能会问了,这首诗歌也没直接讽刺谁啊?至于吗?

至于,也不至于。

贾岛流传下来的诗很多,但关于他的经历史料记载很少,我们只能从他的诗里做一些推测。

起因也许是他写的另外一首诗。贾岛听说当朝宰相裴度在长安造私家园林,逼周围百姓拆迁,他没经过核实,就写了一首针对性极强的讽刺诗——《题兴化园亭》:

破却千家作一池,不栽桃李种蔷薇。
蔷薇花落秋风起,荆棘满庭君始知。

裴度看到这首诗,估计会感觉很无辜。作为宰相,裴度辅佐唐宪宗实现了"元和中兴",举荐过李德裕、韩愈等名士,重用李光颜、李愬等名将,还保护刘禹锡等人,被当时的人称赞为"郭子仪",为官声誉很不错。

任何人无缘无故地被冒犯,都不会对那鲁莽之人有好脸色。

贾岛不仅讽刺权贵,他还写诗讽刺考生,《送沈秀才下第东归》写道:"君子忌苟合,择交如求师。"这首诗说的是沈秀才(沈亚之)因为交友不慎、被人利用而落榜的事,揭露了考生之间勾心斗角的黑幕。

贾岛不仅把官员得罪了,还把考生得罪了!

贾岛想不通,我写《病蝉》碍你主考官什么事了?于是他愤然写下平生最霸气的一首诗——《剑客》:

十年磨一剑,霜刃未曾试。
今日把示君,谁有不平事?

我要杀人!我要以笔做刀!

三

在韩愈等人的劝说下,贾岛开始反思写诗的目的。他不是为了能考中进士吗?干吗要跟所有官员对着干呢?

贾岛想通了,他还不想放弃。他写下"冰开鱼龙别,天波殊路岐"。他幻想总有一天,他能像龙一样一飞冲天。

他到处投简历,希望能获得别人的推荐。谁要考中进士,他就写首祝贺诗:李余考中进士回四川,贾岛作《送李余及第归蜀》;朱庆馀及第归乡,他作《送朱可久归越中》;雍陶进士及第回成都,他作《送雍陶及第归成都宁亲》。贾岛心里想,这将来如果这些人发达了,说不定会举荐他呢?

除了写祝贺诗,自荐信贾岛也没少写:《再投李益常侍》送李益;《寄沧州李尚书》给沧州刺史李祐;《送雍陶入蜀》《喜雍陶至》投京兆少尹庞严;《光州王建使君水亭作》《留别光州王使君建》献光州刺史王建;《赠王将军》送右金吾卫将军王茂元……

贾岛的行卷方式很有创意，谁家有红白喜事，他都为人家写首诗。

在献诗的过程中，大家看到了贾岛的才华，但"贾岛"这个名字早就上了考场黑名单，谁敢大力举荐他呢？而且，传说他恃才傲物，万一哪天和领导吵个架，举荐人不是也得倒霉？

最后贾岛总算在宰相令狐楚等人的帮助下，谋到了长江县（今四川省遂宁市大英县）主簿的职务，主簿属于"编外人员"，整天给县长抄抄写写干些杂活。至于他在任上具体干了什么，他的墓志铭中只写了这八个字："三年在任，卷不释手。"看来他基本没有把工作放在心上，天天上班看书。因为这段经历，他得了个"贾长江"的外号。

不甘平庸的贾岛在赴任前，给当时的宰相令狐楚写了一首《寄令狐相公》：

策杖驰山驿，逢人问梓州。
长江那可到，行客替生愁。

我问长江县在哪里，指路的人都替我担忧，去那个地方干吗？那可不是什么好地方呀。贾岛这首诗的意思很明显：大人能否帮我说说话，换个地方？

令狐楚看到贾岛的来信，什么也没说，给贾岛寄来了过冬的衣服，意思是：你在那里安心地干！注意保暖！

收到保暖衣的贾岛兴奋不已，宰相大人居然这么关心我？写首《谢令狐相公赐衣九事》诗来答谢：

无以为报
给您写首
诗吧

长江飞鸟外,主簿跨驴归。
逐客寒前夜,元戎予厚衣。
雪来松更绿,霜降月弥辉。
即日调殷鼎,朝分是与非。

"长江"指当时的长江县,这里很偏僻,连鸟都不想飞过来;主簿(指贾岛)跨着小毛驴孤独地在路上徘徊;"逐客"是贾岛的自嘲,"元戎"是对宰相令狐楚的尊称,多谢大人给我寄来抵挡寒冷的衣服,堪比暖心宝啊!下雪后松树更加青翠,霜降后月亮越发明亮,我的雄心壮志依然还在。大人您治理国家如同调和百味,轻松搞定,有您这样的宰相在,定能明辨是非(肯定能明白我的苦衷,看出我的才华)。

贾岛借赠诗来求官:"令狐大叔,您一定会重用我的,对不对?"令狐大叔并没理他。

四

贾岛在长江县当了三年主簿,又被调到普州(今四川省安岳县)任司仓参军,普州刺史想让他做纠曹(类似刺史的助理)。此时不再年轻的贾岛思想正在发生变化,他对当官不再那么执着,对自己也有了深刻的认知。于是他写了一首《让纠曹上乐使君》:

战战复兢兢,犹如履薄冰。

虽然叨一掾,还似说三乘。
瓶汲南溪水,书来北岳僧。
戆愚兼抱疾,权纪不相应。

我这几年来为官小心翼翼,生怕得罪人。感谢您的信任与抬爱,可是老头子我脑子笨、身体差,就不去做那个纠曹了吧。

贾岛累了,他想休息了。

他晚年那首《题诗后》对自己的一辈子进行了总结:"两句三年得,一吟双泪流。知音如不赏,归卧故山秋。"为了写几句好诗,往往来回折腾好几年,写得腰酸、背痛、腿抽筋,泪流满面、嘴巴歪。唉,如果朋友们都不能理解我,不如回到那遥远的故乡,在夕阳红里跳跳广场舞。

转眼间,贾岛的生命几近油尽灯枯,《鉴诫录》中记载:"因啖牛肉得疾,终于传署。"他因为吃牛肉得了病,死在了办公场所。贾岛在晚年寻求大彻大悟,写下了《夏夜登南楼》:"一点新萤报秋信,不知何处是菩提。"这样的结局,是否应了那句"酒肉穿肠过,佛祖心中留"?

他在普州永远地闭上了眼睛,去了西方极乐世界。

贾岛生前没有得到多少赞美,死后却影响很大。晚唐时,贾岛的五言律诗受到文人们的普遍喜爱,怀念他的诗歌数量甚至超过了李白、杜甫。

李贺·飘久了，也想在凡尘踩踩地

一

"最近听说有个七岁小孩写得一手好诗！"

"真的？不可能吧！"当时担任吏部员外郎的韩愈和吏部侍郎皇甫湜听朋友们说起最近的一条八卦，顿时来了兴致。

"也许是真的呢！如果有这样的奇人，我们怎么能不去看看？"

"走！"

两人大致了解了一下小孩的身世，算起来这孩子还流着贵族的血，他家祖上是唐高祖李渊的叔父李亮（大郑王），属于唐宗室的远支。女皇武则天执政时杀掉很多李姓子孙，到小孩父亲李晋肃时，家道中落，他好不容易才混到个县令。

韩愈和皇甫湜来到李家，受到了热情招待。传闻中的孩子身体瘦弱，长相很有特点：两条眉毛几乎挨在一起，这叫通眉或连心眉；手指和指甲也都很细长。总体来说，这孩子的外貌给人强烈的视觉冲击。

可他却沉稳自信。

韩愈决定出道题考考他。

小孩不慌不忙，提笔写下一首《高轩过》：

华裾织翠青如葱，金环压辔摇玲珑。
马蹄隐耳声隆隆，入门下马气如虹。
云是东京才子，文章巨公。
二十八宿罗心胸，九精照耀贯当中。
殿前作赋声摩空，笔补造化天无功。
庞眉书客感秋蓬，谁知死草生华风。
我今垂翅附冥鸿，他日不羞蛇作龙。

两位大人穿着青翠如葱的官服，金环压着马辔头摇晃玲珑。马蹄声阵阵，马车声响隆隆，下马进门来器宇轩昂、气势如虹。我以为是谁呢，原来一个是红透洛阳城的大才子，一个是名满天下的文章巨公（夸奖韩愈和皇甫湜）。人间的才气在他们胸中，天地的精华都能融会贯通。殿前吟诗作赋声音响彻云空，笔补造化之缺老天都羡慕歌颂。我这个客居他乡的"庞眉书客"，没想到也能如枯草遇到春天和风。我就像鸟儿攀上大鸿雁，他日也许有幸能从小蛇变成大龙。

小小年纪就能将马屁拍得如此含蓄高雅，与众不同！既有对客人的赞叹，又有遇知音的兴奋，这首诗可算作行卷诗里的极品。

韩愈和皇甫湜哈哈大笑，直呼"天才"。这个孩子不仅文采飞扬，还懂得待客之道，有前途！

"好孩子，以后常来我们家里做客！"

二

经两大名人同时推荐，这个孩子红遍大江南北，人们都知道了他的名字——李贺。

李贺并没有因此骄傲，而是继续刻苦努力学习，等着将来一日看尽长安花。

每天清晨，太阳刚刚升起，他就骑着一匹瘦马，带着一个书童，背着破烂的布袋出门。一有灵感，就写下来投入布袋中。到了晚上，他用心整理，认真构思，将灵感整合成诗。

他注重写实，不喜欢先立个题目再冥思苦想。他到处游览，见到好玩的景物、有趣的题材，立刻动手记下来做素材。

母亲翻到李贺布袋里存放的纸片，看着瘦得如同枯枝的儿子，心疼地说道："是儿要呕出心乃已耳！"我这个儿子，要呕出心肝才会停止用功啊！何必呢？（后来，呕心二字与韩愈《归彭城》诗句："刳肝以为纸，沥血以书辞"合在一起，变为成语"呕心沥血"。）

我不愿做虎妈，你却成了"鸡娃"。

李贺在十五岁时就跟当时名震长安的李益并称"李氏双仙"。

韩愈在国子监任职，又是文坛巨匠，前来行卷献诗的人如同潮水。翻着水平差不多的诗，韩愈昏昏欲睡，忽然，一首气势磅礴的诗排山倒海般出现在他眼前：

黑云压城城欲摧，甲光向日金鳞开。
角声满天秋色里，塞上燕脂凝夜紫。

半卷红旗临易水,霜重鼓寒声不起。
报君黄金台上意,提携玉龙为君死!

这首《雁门太守行》驱散了韩愈的睡意。这首诗将战前紧张的气氛与将士视死如归的精神淋漓尽致地展现了出来。

"好诗,好诗!酣畅淋漓,雷霆万钧!"

韩愈一看名字,原来是李贺啊,赶忙把他请到府上来。

"小李,写诗又有进步,你不参加科举是国家的损失啊!"

韩愈的鼓励让李贺激情澎湃,他摩拳擦掌,跃跃欲试,可惜现实一记左勾拳,打得他身体一歪。父亲李晋肃去世的消息传来,按照当时"务必以三年全期为限"的服丧规定,李贺必须要回家老老实实待上三年,不能外出。

服丧是古代的丧葬制度。家里的父母死了,晚辈在三年内通过穿孝服、佩黑纱、戴白花等形式表达对亲人的哀悼,其间停止娱乐和交际活动,不能外出旅游、工作。

服丧一结束,二十一岁的李贺去参加河南乡试,马到成功,获得进军全国统一考试——省试的资格。"准考证"在手,京城我来了!可正当他满心期盼地奔向京城参加进士科考试的时候,不知是得罪了哪位不该得罪的权贵,还是有小人嫉妒他的才华,总之有人上疏,称李贺的父亲叫李晋肃,"晋"跟进士的"进"同音,儿子李贺应避讳,否则就是对刚刚去世的父亲的不敬。这些人真狠,为了减少一个竞争对手,竟用文字游戏断送别人的前程。

大家可能会问,这是什么破理由?

这可不是普通的文字游戏!古代为了维护森严的等级制度,规定人们在说话、写文章的时候，遇到皇帝或者尊亲的名字，都不能直接说出来或写出来，用就是冒犯。避讳的对象分为几种：

避帝王，也称为"国讳"或"公讳"：在光武帝刘秀时期，秀才就被改成茂才。

避长官：宋朝有个叫田登的州官，不准下属和百姓叫他的名字，也不准写他的名字，到了正月十五要放灯三天（点燃花灯）进行庆祝，下属们写通告的时候犯难了，"灯"跟"登"同音，怎么办？有个聪明人大笔一挥，写出通知："本州依例放火三日"，从此就有了"只许州官放火，不准百姓点灯"的笑话。

避圣贤：避儒家孔子和孟子的名讳，孔子名孔丘，北宋朝廷下令，凡是读书读到"丘"字的时候，都应读成"某"字，同时还得用红笔在"丘"字上画一个圈，让你从内心明白其神圣不可侵犯。

避长辈：避父母和祖父母之名，也叫"家讳"或"私讳"，要维护长辈的威严才能维护帝王的威严。杜甫的父亲叫"杜闲"，杜甫写了一辈子诗，从没在诗中用过"闲"字。

参加科举之前考生先到礼部报名，上交"文解"，相当于考试准考证，说明你是何种途径来源的考生。然后上交"家状"，相当于个人简历、身份证、户口本、家庭关系表等信息一目了然：家里有父母、祖父母没有下葬的，不得考试；信息填写不规范的，取消资格（"驳放"）；祖宗三代有避讳情况而没注意的，成绩无效。

嫉妒李贺的人抓住避讳的问题，肆意夸大其严重程度，将这件事炒作成热点新闻。考官们冷汗直流，也只能纷纷点头："说得对，考试事小，违规事大。"他们经过慎重研究，得出一致结论：李贺不得参加考试！

韩愈一看，这不是把人往死里逼吗？他赶紧写了一篇文章《讳辩》，极力反对将"避讳"作为斗争的手段。韩愈提出，避讳可以起到稳定社会秩序的作用，但是滥用必然伤及国家根本，如果"仁"字也避讳，岂不是"人"都没法做了？

可惜，韩愈说破天也没用，不能考就是不能考，祖宗之法不可违，没有人想对制度发起挑战。

"无聊！无耻！"

无法参加科举考试，对家里没矿又没背景的李贺来说是致命的打击。李贺伤心落泪，心中郁闷，写下《伤心行》：

咽咽学楚吟，病骨伤幽素。
秋姿白发生，木叶啼风雨。
灯青兰膏歇，落照飞蛾舞。
古壁生凝尘，羁魂梦中语。

呜咽地读着楚辞里面哀伤的诗句，我这瘦弱的身体哪里经得住寒冷的侵袭。头发在秋风里快速地发白，枯枝在风雨中孤独地掉落。油灯闪烁着鬼火一般的青光，飞蛾拍打着快要熄灭的残灯。背后墙壁上积满了多年的灰尘，我这样孤独的旅客依然说着梦话。

放眼望去，没有一样令人欢快的景象与颜色，灰色的环境，灰色的心情，还有一个灰头土脸的人。

但无论如何，他得找个工作解决吃饭的问题。好在他流着李家

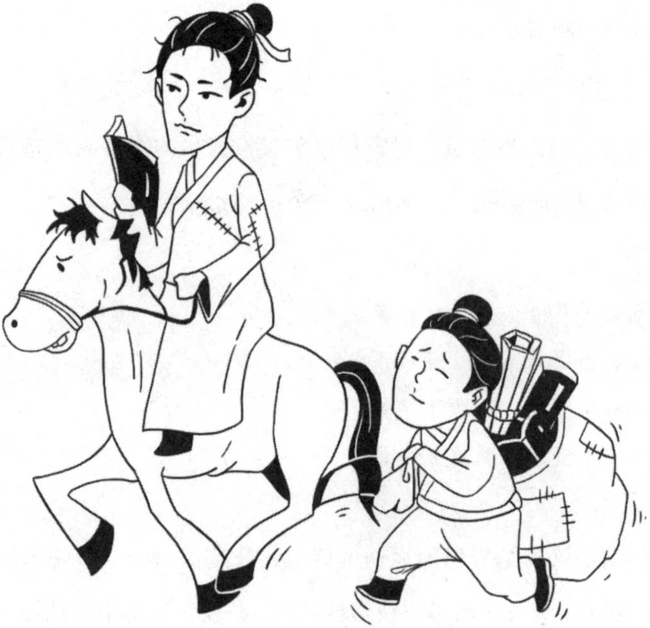

的血,在亲戚们的帮助下,李贺成为奉礼郎(属太常寺,原名治礼郎,唐高宗李治即位后为避讳而改称,主要搞搞朝廷各种会务的打杂工作)——一个九品小官。

李贺这也算在首都安了家。官职虽小,他也乐得清闲,把时间都用在了写诗上。他的名气越来越大,文章越传越广,既没有正规的"本科学历",又没有人际交往的圆滑,李贺始终在原地踏步。

三

没过多久,他相依为命的妻子去世了。

李贺干脆辞去了奉礼郎的职务,他对京城已经不再留恋。

他从长安向洛阳进发,回忆自己如过山车一样的人生,想起汉武帝铸造铜仙人的故事:晚年的汉武帝非常迷信神仙方术,手下有人劝他说:"您造一座神明台,弄一座铜仙人,让仙人手持大铜盘,盘子里摆一个巨形玉杯,承接天上的露水。将接到的神仙水和研磨成粉的玉石一起服用,绝对能让陛下您长生不老。"

汉武帝大笔一挥:"造!"他什么都能得到,唯独永生得不到,钱能解决的事就不是事,不试试怎么知道疗效?

巨大的"承露盘"造好了,可惜喝了"神仙水",汉武帝还是没能留在人间,很快就去天上和仙人们做伴了。

后来,魏明帝曹睿下令将铜仙承露盘从长安迁到洛阳,但是半路上铜盘折断,仙人的"零部件"也不知所终。

故事触发灵感,李贺写下了《金铜仙人辞汉歌》:

茂陵刘郎秋风客，夜闻马嘶晓无迹。

画栏桂树悬秋香，三十六宫土花碧。

魏官牵车指千里，东关酸风射眸子。

空将汉月出宫门，忆君清泪如铅水。

衰兰送客咸阳道，天若有情天亦老。

携盘独出月荒凉，渭城已远波声小。

风萧萧，马嘶鸣，铜人的命运好悲催。被迫离开长安，怀念往日君王，上天如果有感情，也会因为悲伤而衰老。荒凉月色里闪现铜仙人孤独的身影，眺望长安城，家乡的水声越来越小，已经听不清了。

李贺借铜仙人自比："我也是被人强行赶出长安的'铜人'，人们责骂铜仙人装神弄鬼，却不敢议论下令造出它的人，试问铜人何罪？"

四

后来，李贺在朋友张彻的推荐下，到节度使郗士美的军队里做了幕僚。可没过几年，郗士美回到洛阳养老，朋友张彻也自顾不暇，走投无路的李贺只好强撑着瘦弱多病的身体，回到老家昌谷（今河南省宜阳县）——还是那几间茅草屋，身边有一条老黄狗。

李贺在此期间认真整理了自己写的诗，编成诗集，他将人生最后一段隐居的时光创作成《南园十三首》。

呕心沥血得来的文章佳句，始终没能让他脱去贫困的帽子，诗

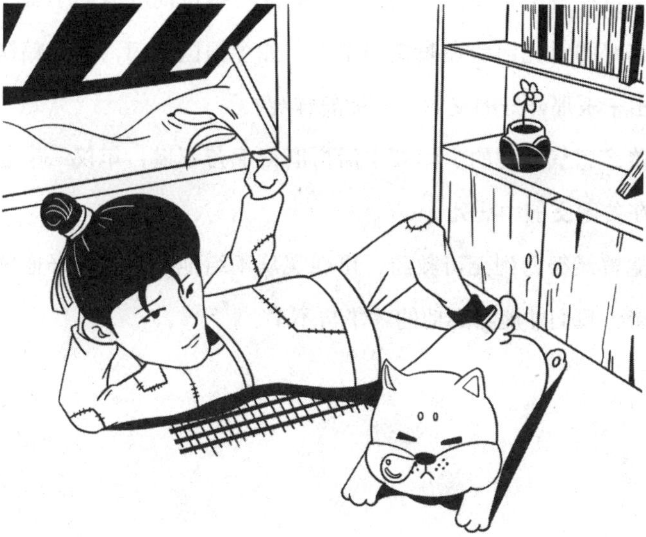

歌能当饭吃吗？能当衣服穿吗？他万分苦闷地写道：

寻章摘句老雕虫，晓月当帘挂玉弓。
不见年年辽海上，文章何处哭秋风？

李贺在诗中感慨："我就是一只能写些诗词歌赋的小虫子，将大把美好的时光浪费在咬文嚼字上。如今报国无门，前途黯淡，即使写出宋玉那样好的文章，又能怎样呢？"

曾经意气风发的少年被生活折磨得痛苦不堪，年仅二十七岁的李贺在贫困交加中病死。

他曾经努力到无可救药，可现实从不给他希望。幸好他留下了那些诗，我们才能看到他的才华与不幸。

杜牧：人脉最旺的才子，官场中的"不倒翁"

一

"这篇文章怎么样？"一位头发花白的老者急切地问道。

"好，极好，很久没看到如此酣畅淋漓的文章了！"侍郎崔郾目不转睛地看着朋友送来的千古奇文。这篇文章犹如黄河之水，奔涌澎湃，又如皓月当空，朗照大地。崔郾知道，大唐又多了一位绝世才子。

老者觉得时候差不多了，走到崔郾跟前，低声问道："以他的才华，能否拿下今年的状元？"

"嗯？"奉命到东都洛阳主持进士科考试的崔郾明白了，老朋友前来不是为喝酒，而是来当说客的，不过他推荐的人的确有状元之才。崔郾长叹一口气，目前通榜的名单已经排得很长了，达官贵人们推荐的人太多，弄得他焦头烂额，结果又来一个。他说："老兄，状元早就被预定了！"

老者明白，每年抢着上通榜的人都是才华横溢之辈，而且今年的前三名早就被那些有关系的人抢先"注册"了，他一个小小的太学博士说话有多少分量？不过，谁叫崔郾是自己的"死党"呢？

"要不第四名？"老者试探性地问道。

"不行啊，你看看第四背后是谁？"崔郾摇摇头，看在老朋友的面子上才拿出通榜草稿，每个考生的背后都站着一个在朝堂上呼风唤雨的人。

"要不第五名吧！不能再低了，如果你不答应，现在就把这篇文章还给我！"老者欲擒故纵，在没有活字印刷术的时代，文人想得到一篇绝世文章非常不容易。

"第五名！第五名！可以了吧？"崔郾也是爱才之人，他不想辜负考生的才华，况且这样的人落榜，皇帝也不答应啊！

"这还差不多，改天请你喝酒！"老者骑着毛驴开心地回去了，他的名字叫吴武陵，在国家最高学府（太学）担任老师。

"嘿，这老小子！"崔郾送走吴武陵，将那篇气势磅礴的文章小心翼翼地收了起来。

二十五岁的杜牧用他的《阿房宫赋》震惊了天下，以第五名的成绩考中进士，羡煞了多少徘徊在考场及其周围的诗人！

他兴奋地写下《及第后寄长安故人》：

东都放榜未花开，三十三人走马回。
秦地少年多酿酒，已将春色入关来。

本来打算踏春赏花，可惜花朵还未绽放，我们这三十三位进士只能骑着马回去了。朋友们,我马上就要离开洛阳前往长安,备好美酒,等着我胜利的好消息吧!

朝廷举行了临时性的制举考试——贤良方正直言极谏科,杜牧成功晋级,他不用再参加能把人折磨疯的吏部关试,就被安排到弘文馆担任校书郎兼左武卫兵曹参军。

杜牧为什么能这么顺利呢?并不仅仅因为他有才华,还在于他强大的家族背景——他的爷爷叫杜佑。

二

杜佑出身赫赫有名的京兆杜氏,这个家族是关中地区的名门望族,祖上名人辈出,西汉有御史大夫杜周、杜延年,东汉有书法家杜度、学者杜笃,曹魏有名臣杜畿,西晋有军事家杜预,南北朝有名将杜骥、杜掞,隋唐有宰相杜如晦等。在门阀仍有能量的唐朝,出身好可以少奋斗三十年。

当然,凭关系进入官场的人也未必都是草包,很多人都接受了全面优质的教育。凭借门荫入仕的杜佑学问高深,博古通今,历任唐德宗、唐顺宗、唐宪宗三朝宰相,还用毕生时间撰写史学名著《通典》,其中《选举典》的章节专门对科举制度与选人用人提出了具体要求,科举考试实施细则都是他制定的。有这样的爷爷,孙子杜牧的应试技巧自然超高。而且杜佑门生故吏遍布天下,杜牧的仕途自然有人主动帮忙提点,吴武陵便是其中一位,除他之外还有杜牧的堂兄杜悰以及堂嫂岐阳公主。当年,杜家与李党首领人物——宰相李德裕乃是世交，李德裕的父亲李吉甫曾是杜佑的门生。后来，李吉甫成为唐宪宗时期的重臣，在皇帝为岐阳公主选择夫婿的时候，他强烈推荐来自杜家的杜悰。岐阳公主与杜悰自然也不会对杜牧的事情袖手旁观。

而且杜牧并非只拼出身，在参加科举之前，他已经凭借文章名满天下了。

杜牧从小就阅遍家中的藏书，经、史、子、集无一不通，而且对兵法钻研极深。在中国历史上给《孙子兵法》作过注的人特别多，其中有十一个人的注得以保留下来，即曹操、梁孟氏、李筌、贾林、杜佑、杜牧、陈皞、王晳、梅尧臣、何氏、张预，史称"十一家注孙子"，又以曹操、杜牧、陈皞三人的影响最大。所以杜牧还是一个地地道道的军事理论家，他从政后提出的讨敌策略屡次被朝廷采用。

晚唐已经不复盛唐的强大，外有强敌，内有腐败，唐敬宗昏庸自负，不仅听不进建议，还喜欢造宫殿。他拆了建、建了拆，不是为了精研建筑学，纯粹就是为了好玩，所以，二十三岁的杜牧愤懑地写下了《阿房宫赋》。想想吧，当年喜欢造宫殿的秦始皇，他的秦朝才有几年的国祚？何况国力衰微的唐朝呢？

看着藩镇割据、中央软弱的现状，他又写下长篇五言古诗《感怀诗》，其中"荡荡乾坤大，瞳瞳日月明。叱起文武业，可以豁洪溟"，发出了他的最强呐喊："给我一个支点，我能撬起整个大唐！"

对于自己的出身，杜牧还是非常自豪的，他在《冬至日寄小侄阿宜诗》中写道："我家公相家，剑佩尝丁当。旧第开朱门，长安城中央。第中无一物，万卷书满堂。家集二百编，上下驰皇王。"

我家曾住首都繁华之处，拥有万卷藏书，家中人人学识渊博。

杜牧在中央干了没几年，就被好友牛增孺看中，让他来扬州担任掌书记。在美女遍地的扬州，杜牧的日子过得滋润而有情调。在扬州的几年，他阅遍江南美女和美景。等他离开扬州的时候，他又因为一事无成而后悔，在诗歌《遣怀》中写道："落魄江湖载酒行，楚腰纤细掌中轻。十年一觉扬州梦，赢得青楼薄幸名。"

看来享乐也是一座"围城"，外面的人想进去，里面的人待久了也想出来。

离开扬州之后，三十三岁的杜牧升任监察御史，原本要到京城上任的他却被临时派往东都洛阳，而这一变动让他幸运地躲过了三个月以后的甘露之变。当时，唐文宗不满宦官专政，拉了几个人准备干掉宦官，结果计划出了纰漏，被对方提前发现。宦官们先下手为强，一时间，朝廷中血雨腥风，近千位官员被铲除。杜牧不仅有幸躲过一劫，还去洛阳潇洒地走了一回。

三

他曾经在好友沈传师的家里遇到一位歌女张好好，二人眉目传情，产生了爱意。可惜，沈传师的弟弟先下手为强，将张好好纳为妾，杜牧只留一声叹息，此后两人断了联系。

来到洛阳后，闲来无事的杜牧在街头闲逛，来到一个卖酒的店铺前。咦，这不是张好好吗？难道自己眼花了？

他走上前去一打听，原来真的是自己曾经暗恋的歌女，她现在被人抛弃，只能在洛阳卖酒为生。唉！世事无常，美人色衰，感慨万千的杜牧写下著名的《张好好诗》:"君为豫章姝,十三才有余。翠茁凤生尾,丹叶莲含跗。高阁倚天半,章江联碧虚……"

也仅此而已了,后续,他们并没有任何浪漫的故事。

此时朝廷的政治势力分为以牛增孺与李德裕为首的牛党和李党,两帮人斗来斗去,谁也不服谁。杜牧被牛党的人提拔到中央,看着朝廷大臣们为了各自的利益斗得死去活来,把国家、百姓丢到了脑后,他困惑了,这就是他想要的吗?唉,走吧,走吧,与其待在是非之地,不如到地方造福百姓。好在他和牛增孺、李德裕皆有私交,两派都不会为难他。杜牧先后到黄州、池州、睦州等地担任刺史,他造福百姓,也寄情山水,写下了《赤壁》《山行》等诗:

折戟沉沙铁未销,自将磨洗认前朝。
东风不与周郎便,铜雀春深锁二乔。

远上寒山石径斜,白云深处有人家。
停车坐爱枫林晚,霜叶红于二月花。

政绩突出又有后台支撑的他很快被调到中央担任吏部员外郎,负责选人、用人与绩效考核工作。但是他早就看清了如今的朝廷,待在这里迟早被人盯上干掉,于是他又多次请求去地方任职。他想跳出皇城的围墙,何必在旋涡中心跟着别人转来转去呢?

他跑到湖州担任刺史,一年以后,又被调往长安,升任中书舍人,虽然只是起草诏令,却能参与机密大事的谋划,属于核心权力层了。

此刻的杜牧年纪大了,身体每况愈下,他感觉自己大限将至,于是花钱重修祖传的樊川别墅,每日作作诗、写写字,在平静的"宅男"生活中安然去世。

温庭筠·陪跑界的第一枪手

一

"八叉兄,这次全靠你了!"几位将要进考场的读书人围着一个长相不怎么样的人说道。

"呵呵,记得请我喝酒就行!"文人的眼睛里闪烁着狡黠的光。他多次参加科考,依然没考取个功名,但他在考生中却是"巨星"般的存在。

"没问题,到时挑最贵的酒楼,请最好的姑娘。"众人忙答应。

唐朝科举分为三场考试,每场考试时间为一天,从早上开始,到太阳下山为止。考官给每个考生发三支木烛,木烛燃烧完毕后就要交卷。很多考生抓破头皮也完不成,曾有人作对联形容这种考试:"三条烛尽,烧残士子之心;八韵赋成,惊破试官之胆(也有版本是笑破侍郎之口)。"

为什么这么难呢?

唐代尤其中唐以后,诗赋考试第一题就是格律诗,又称试律诗。格律诗最流行的考法是五言六韵十二句六十个字,而且考生们创作的诗中押韵的字必须使用题目中要求的字,也叫限韵字。以这首诗为例——

善鼓云和瑟,常闻帝子灵。
冯夷空自舞,楚客不堪听。
苦调凄金石,清音入杳冥。
苍梧来怨慕,白芷动芳馨。
流水传潇浦,悲风过洞庭。
曲终人不见,江上数峰青。

这首诗中,"灵、听、冥、馨、庭、青"是押韵字,"灵"是限韵字。

除了"五言六韵十二句",还有"五言四韵八句"和"五言八韵十六句"。

作完律诗,是不是感觉脱了层皮?你以为这就结束了吗?还有更难的格律赋等着你!

这种题目难度更大。考试要求考生创作长约三四百字的赋,要求声调和谐、词藻华美、对仗工整、用韵严格。这其中押韵最难,给出几个限定字,要求考生必须用它们和相关相近的字来押韵。

唐玄宗开元二年(公元714年),主考官王丘出的题目是《旗赋》,限定用"风、日、云、野、军、国、清、肃"八个字做韵脚(句末押韵的字)。考生李昂写了一篇二十七句三百二十七个字的赋,文辞雄劲,押韵准确,在二十七名进士中名列第一,成了状元。从此以后,限定八韵就成为唐代科举考试格律赋的标准。

考生必须得弄清楚题目中的韵字属于什么类型，跟考试题目相关的韵字有哪些，再巧妙地按顺序排到文章中去。

朝廷对韵字有明文规定，一旦弄错，考试没救！考生要仔细根据八字声韵定出八类韵脚，在规定的时间完成应试作文。这样的考试说它"烧残士子之心"，一点儿都不过分。诗人宋济有一次考完后发现用错了韵，想要重新写已经来不及了，不由得感叹道："宋五坦率矣（宋济排行老五，坦率指粗心）！"成了人尽皆知的笑话。后来一次考试，唐德宗在进士名单中没看到宋济的名字，开玩笑道："宋五又坦率也！"

格律赋算是明清时八股文的先行者，考生叫苦连天。在这样的考试中，很难反映出考生的真实水平，所以之前提到的行卷也不是完全没必要。

在格律赋这项考试中，很多人都来不及交卷，只能抹泪长叹！

那个长相一般的考生才思敏捷，极为擅长应试。他考试时根本不用打草稿，把手放到袖子里，两眼一闭一睁，双手一叉一松，嘴巴一张一合，毛笔一挥一落，便完成了，堪比曹植七步作诗，人送外号"温八吟"。因他一叉手就能完成一韵诗，八次叉手就能写完全篇，又号"温八叉"。

做题太快，剩下的时间很无聊，怎么办呢？既然屡试不中，那我就帮别人考中，向世人证明不是我无能，而是考官太蠢！他成了科举场上的"网红"枪手，专注于把别人捧成明星。

他就是晚唐"花间派"的祖师爷温庭筠。

温庭筠的诗形式丰富，感情细腻婉约，完全有资格坐上晚唐诗人的头把交椅。可他考试屡次不中，常年苦闷，多年的失败经验让

虽然我考不中，但我代笔的都能考中。

宝宝心里苦啊！

他彻底"黑化"了,他成了"大唐考场第一枪手",他想用玩世不恭的态度来回应命运的捉弄。

唐懿宗大中九年(公元855年)的春闱科考,已经快四十三岁的温庭筠又来参加考试了,这次的主考官是礼部侍郎沈询。沈询把温庭筠的位置挪到了自己眼皮底下,对这位考场"明星"多加关照,更"贴心"地给他和其他考生间隔了一道小竹帘。

温庭筠不愧为"第一枪手"。他用多年积累的丰富经验,仗着唐朝考场的纪律还不像后世那么严格,偷偷地帮八个人答完题,从此成了"考试圈"的一段传说。

可他却高兴不起来,这一次又是陪跑,看着别人飞黄腾达,自己连个进士都不是,温庭筠心累了。这是为什么呢?

二

唐宪宗元和七年(公元812年),一个小孩在太原祁县出生了,他是唐太宗时的宰相温彦博的后代,名叫温岐,字飞卿。温岐八岁时,父亲去世了,兄弟姐妹四个人跟着母亲生活。他父亲的生前好友段文昌调任刑部尚书,看到温家老小生活困苦,就把温岐带回家,让他跟自己的儿子段成式一起读书学习。后来段文昌调任荆南节度使时,温岐也跟着到了西川。

温岐从小就展现出神童本色,诗词歌赋不在话下,读书识字过目不忘。恩人段文昌在西川去世后,温岐告别好兄弟段成式,离开西川,北上长安。他一边走一边憧憬:凭我的才华,定能轻松通过科举考试,然后走上人生巅峰,完成治国平天下的终极梦想!

可惜现实泼了他一大瓢冷水:"喂,温老弟,别做梦了。"

首次参加科举的他名落孙山。

好在他凭着才气,和当时的太子李永搭上了关系。有太子推荐,还愁科举不中吗?

李永好玩乐,因此被人抓住把柄,差点被废。好在大臣们接连上奏,让他保住了太子的地位。唐文宗杀了太子身边的一些人,又赶走一批人,看你们还敢带坏我儿子不?

温岐的上升之路就这么被切断了。

留在京城,没钱没房,莫名心慌。

温岐想起扬州地区还有个富贵远亲——姚勖,乃是宰相姚崇的后人。姚勖三十七岁考中科举,得到时任宰相李德裕的赏识,从此平步青云,中央高官和地方大员都干过。

姚勖素有为人仗义的名声,想必不会见死不救,温岐决定去投奔他!

姚勖果然送了温岐一大笔钱,让他在这里安心读书,认真准备考试。可是天性随意的温岐决定先去烟柳巷寻寻开心,反正以他的才华,中举并非难如登天。

听闻此事的姚勖怒不可遏。

"无可救药,无可救药!我给你钱,你却去妓院狎妓,天下人会怎么看我?"他命人把温岐狠狠揍了一顿,并赶出了扬州城。

这一次,温岐成了大名人。他以后还怎么参加科举考试?谁还敢推荐录用他?

在考试不糊名的唐朝,"温岐"两个字意味着好色轻浮,这样的人定不能入考官的法眼。因此,即使温岐才高八斗、学富五车,依然屡试不中。

唉，改名吧！温岐由此变成了温庭筠。

他开始积极准备考试，在情场上也没闲着，跟鱼玄机谈了场朦胧的恋爱，却跟另外一个女人结了婚。

温庭筠因为才华出众，名气越来越大。他的一首《望江南》写尽了男女的相思泪：

梳洗罢，独倚望江楼。
过尽千帆皆不是，斜晖脉脉水悠悠。
肠断白蘋洲。

后来，温庭筠又参加了几次进士科考试，依然是陪跑选手。多次失败的打击让他变得玩世不恭，他经常和令狐滈、裴诚等官家公子混在一起。令狐滈是当时宰相令狐绹的儿子，其祖父令狐楚在唐宪宗时期也任宰相。他凭着老爹的背景和爷爷的光环，卖官鬻爵，胆大妄为，人称"白衣宰相"。

按理说，温庭筠结识了这么多富家子弟与达官贵人，"资源"是极好的，不是没有机会做官。只可惜，温庭筠非但没有反思自己的行为，反而变本加厉。在一次考试中，他因为替京兆尹柳熹的儿子柳翰做枪手，上了朝廷的"黑名单"。自那以后，考官看到温庭筠三个字就皱眉头：这个二混子不能留！

三

到这个时候，温庭筠如果不得罪下面这个重要人物，也许还有翻身的机会。

唐宣宗很喜欢《菩萨蛮》这个词牌,宰相令狐绹为了讨好他,想为《菩萨蛮》填上绝世好词敬献给皇帝,可是他没那样的才华,写来写去都很平淡,于是想起了儿子的好友"温八叉"。

"小温,帮我填个词如何?"

"没问题!"

"但是作品的署名不能是你,能否接受?"

"放心放心,我大唐第一枪手是有职业操守的。"

"好!好!事成之后,定有重谢!"

如果得到宰相大人的帮助,还愁中不了举吗?温庭筠兴奋不已,用尽毕生所学写下了传世佳作——《菩萨蛮》系列。其中《菩萨蛮·小山重叠金明灭》更是经典中的经典:

小山重叠金明灭,鬓云欲度香腮雪。
懒起画蛾眉,弄妆梳洗迟。
照花前后镜,花面交相映。
新帖绣罗襦,双双金鹧鸪。

唐宣宗对令狐绹赞赏不已,《菩萨蛮》红遍了长安城,街头巷尾都在传唱,长期霸占"音乐排行榜"第一名。

作品的火爆程度出乎温庭筠的意料,原来我这么厉害?他忍不住偷偷向朋友炫耀与令狐绹之间的约定。

小道消息满天飞,令狐大人很悲催。

令狐绹咬牙切齿:温庭筠这小子太不讲究了!他赶紧向唐宣宗

承认了错误，否则就是欺君之罪啊！

令狐绹也没跟温庭筠计较太多，毕竟他是宰相，"剽窃"了别人的作品，如果明着打击，岂不让天下人耻笑？罢了，罢了。

温庭筠没有收敛。有一次唐宣宗写诗，冥思苦想如何对仗"金步摇"。他请大臣们帮忙出主意，于是令狐绹找来温庭筠："小温，你觉得'金步摇'对什么词好？"

"这还不简单，玉条脱！"温庭筠打个哈欠的工夫就想出来了。

"玉条脱？好词，可有典故？"令狐绹只知道很妙，却不知道来历。

"出自《南华经》（即《庄子》），'金步摇'是黄金做的头饰，'玉条脱'是美玉做的手镯。'金步摇'和'玉条脱'都是人身上的饰物，对仗工整。而且《南华经》也不是什么冷门书，宰相大人有空的时候该多读点书啊！"

"你……"令狐绹气得七窍生烟，说不出话。

温庭筠出了宰相府，还向众人讥笑令狐绹"中书堂里坐将军"。

据说，令狐绹放下话，坚决不能让温庭筠中进士。

温庭筠无缘仕途，可生活还得过啊。他跑到山南东道节度使徐商那里做了幕僚，后来温庭筠又失业了。他家徒四壁，一家人都喝西北风了。

可我的人生本不该如此啊……

命运啊，玩笑开得太过了吧？

温庭筠写下《李羽处士故里》，反思了自己与令狐绹的恩怨：

柳不成丝草带烟，海槎东去鹤归天。

愁肠断处春何限，病眼开时月正圆。
花若有情还怅望，水应无事莫潺湲。
终知此恨销难尽，辜负南华第一篇。

唉，低头吧。他写信给令狐绹——《上令狐相公启》，希望宰相大人能不计前嫌，推荐他做官。

"现在如梦初醒却两手空空，我们算不算曾经相拥？"

相拥？做梦！

人非圣贤，令狐绹没能不计前嫌。

不幸的事一件接着一件，温庭筠经过广陵（今江苏省扬州市广陵区）时，跟当地官员发生冲突，被人打得鼻青脸肿，朝廷判决当地官员无罪。

有传闻说，是令狐绹授意当地官员教训温庭筠的。

四

人生就像海上的波浪，有时起，有时落，温庭筠也有走运的时候。唐宣宗驾崩，唐懿宗即位。由于老领导徐商的大力推荐，温庭筠终于进入了官僚队伍，在长安国子监担任国子助教。

鉴于他多年积累的"枪手"经验，朝廷派给他一项光荣的任务：担任科举考试主考官，组织反作弊行动。

终于轮到我上场了！

他要改变以往的录取规则，挑战不公平的考试制度。温庭筠把进士考生的答题试卷一一张榜公布，自觉接受群众的检验。他还特

意写下《榜国子监》的通告，告诉大家自己这么做的原因——公平公正，杜绝走后门！

身处底层的考生们欢呼不已，王公贵族们可慌了。温庭筠触犯了他们的核心利益，很快被贬到方城当县尉。这一次，温庭筠再次名扬天下，不是因为花边新闻，而是因为他刚正不阿的品质和与制度抗争的勇气。

这次在他离开长安时，许多文人都为他写诗。好友纪唐夫写了《送温庭筠尉方城》：

何事明时泣玉频，长安不见杏园春。
凤凰诏下虽沾命，鹦鹉才高却累身。
且尽绿醑销积恨，莫辞黄绶拂行尘。
方城若比长沙路，犹隔千山与万津。

可是，年迈的温庭筠再也受不了接二连三的折腾，在这之后不久就去世了。

唐朝科举的不完善，导致很多有才华的人没能考进体制内。

唐朝末年，还有一个叫黄巢的年轻人，落第后提笔写下一首《不第后赋菊》：

待到秋来九月八,我花开后百花杀。

冲天香阵透长安,满城尽带黄金甲。

从这首诗可以看出他对科举制度的愤懑。后来他领导的黄巢起义,加速了唐朝的灭亡。唐朝也许还有无数的温庭筠、黄巢,他们在科举制下挣扎的样子,是一个时代的缩影。

陆扆·把我惹急了，我点自己做状元

一

唐末发生了著名的黄巢起义，起义军的队伍很快攻向长安，平时沉迷吃喝玩乐的唐僖宗一看，这可如何是好？唐玄宗在安史之乱的时候曾逃亡到蜀地，于是唐僖宗决定效仿玄宗，带着文臣武将沿着既定的路线跑了。

当时正是科举考试的准备阶段，进京赶考的文人们看皇帝都跑了，心急如焚。

咋办呢？

考生们觉得，还是跟着皇帝有前途，总有一天会回来的，到时说不定自己也算是有功之臣！在众多文人里有个叫陆扆的人，出生于陕州（今河南省陕州区），祖上是宰相陆贽。他在逃亡的路上结识了皇帝的贴身秘书（中书舍人）郑损，两人一见如故，惺惺相惜。在郑损的引荐下，陆扆见到了宰相韦昭度，谋得一份差事。

如今风雨飘摇，皇帝也懒得操办科举考试。可随行的文人们等不及了，这样下去不是办法，临时政府也是政府嘛，于是大家共推宰相身边的红人陆扆去劝说朝廷赶紧开科取士。

陆扆眼睛亮了，好事啊！他也早就等不及了。如今他已在宰相面前混了个脸熟，中举岂不易如反掌？陆扆明白，想要更上一层楼，实打实的文凭必须有！

陆扆充分发挥口才，请求宰相开科取士，临时政府也要人啊！

"你小子还真会挑时候，朝廷上下哪有心思组织考试啊？"

"韦大人，开科取士事关国家大体，一来可以向天下人告知，国家还在正常运转；二来可以让更多文人谋士追随朝廷，稳定军心；三来您也可以借此机会赢得读书人的称赞，取得皇上的信任。"

"嗯，有些道理，但现在是夏天，不是考试的时候啊，况且百官散落在各个地方，暂时凑不齐人手，主考官人选不太好定！"韦昭度被打动了，他觉得陆扆说得挺有道理，只是在逃亡过程中，熟悉考试流程的官员实在难找。

"您觉得让郑损大人当主考官怎么样？"陆扆心里打着小算盘说道。

"嗯，他还不错，那就这么办吧。"郑损是韦昭度的人。

就等您这句话了！

临时政府组织了小范围的临时考试，逃难的文人和蜀地周边的文人踊跃参加。考试虽然顺利举行了，但没人愿意承担发榜的任务。这种时候担任评委来发榜，可能会给政敌留下把柄，将来光复长安，国家稳定，这种临时考试录取的人才必然引起争议，毕竟这次科举很多人都没机会参加。

正当大家你推我、我推你的时候，陆扆坚定地拨开人群，高喊一声："我来！"

就这样，初级考生变成了终极评委。既然承担了高风险，他也得获取高收益，他把自己的名字写在进士榜单的最前面。郑损、韦昭度见这小子组织考试有模有样，诗词写作样样精通，是个可造之材，就默许了陆扆自封第一名的行为。

皇帝正为逃亡发愁呢，哪有心情看录取名单，你们定好就行！陆扆同学就这样成了状元，直接进入官僚队伍。

人生要顺遂，脸皮得拉下！

陆扆虽然脸皮厚，但才华确实出众。他自小刻苦学习，才思敏捷，诗词歌赋全都不在话下。《全唐诗》中收录的《禁林闻晓莺》，便是陆扆的作品：

曙色分层汉，莺声绕上林。
报花开瑞锦，催柳绽黄金。
断续随风远，间关送月沉。
语当温树近，飞觉禁园深。
绣户惊残梦，瑶池啭好音。
愿将栖息意，从此沃天心。

陆扆借此诗表达了自己对皇帝的忠诚，以及认认真真为天下做事的愿望。

二

凭借才华、背景与智慧，陆扆把翰林学士、中书舍人、户部侍郎、兵部侍郎、尚书左丞等官职做了个遍。后来黄巢等人的叛乱被平定，深处偏远山区的唐僖宗率领临时政府回到了京城，原本想好好享受一番的他，竟在二十七岁时染上重病，临终时将大位传给了弟弟李晔。唐昭宗的时代来临了。

　　唐昭宗喜欢吟诗作赋，经常搞些诗歌接龙游戏，他出上句，大臣们抢答下句，每次陆扆都能最先抢答成功，而且对答水平颇高。唐昭宗非常开心，表扬陆扆说："朕闻贞元时有陆贽、吴通玄兄弟，能作内庭文书，后来绝不相继。今吾得卿，斯文不坠矣！"意思是说，我原本以为有才华的人死绝了，没想到冥冥之中遇见了你。陆扆，我们值得拥有！

　　从此以后，唐昭宗下发布告文书都找陆扆代笔。

　　最终陆扆凭着皇帝的信任登上宰相之位，史书记载他"勤政爱民，忠直清正"。只可惜，当时的唐朝已走到暮年，各地纷纷发动叛乱。最终陆扆死于叛乱中，他有能力、有才华，还未全部施展，便死于乱世，让人惋惜。

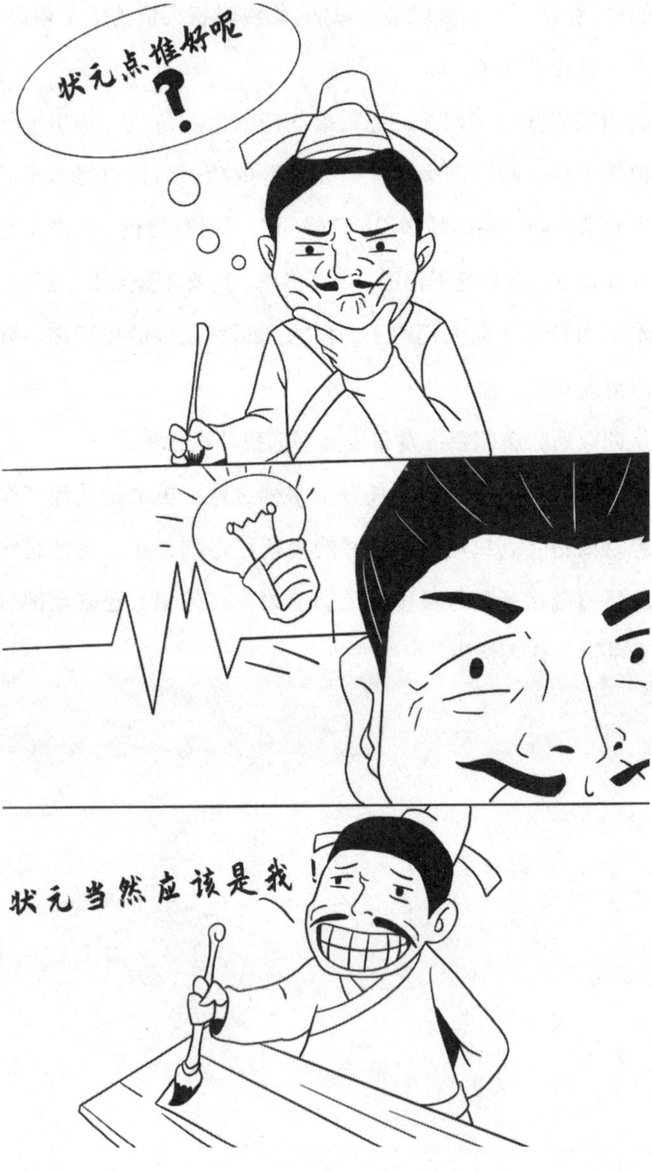
状元点谁好呢
？
状元当然应该是我！

鱼玄机·女人何苦为难女人

一

"天寒地冻,谁能明白我的寂寞?街道上的马蹄声响,时刻把我牵动。推开窗户一看,却不是你,我等在季节里的容颜如莲花的开落,对你而言,我只不过是个过客。唉,算了吧,真心难得,何必如此痴情?世界上的男人都死绝了吗?"

从此,鱼幼薇改名鱼玄机,人生也变得开阔起来。

二

鱼玄机原名鱼幼薇,她的父亲是个落魄秀才,因病过世后留下母女二人。母亲因为生活没有着落,只好带着女儿在妓院干些杂活。大诗人温庭筠没事就去妓院,他见打杂的鱼幼薇聪明伶俐,身世悲惨,男人拯救世界与女人的热情燃起,便收鱼幼薇为女弟子,教她写诗,希望她将来嫁个好人家。

鱼幼薇聪明过人,一点就通,诗词歌赋样样精通。二人经常交流诗词,探讨人生。女大十八变,幼微真好看。春水荡漾的眼睛让大叔的心脏不由自主地猛跳，不行，不行，她可是徒弟啊！让一切定格在烟雨朦胧之中吧！

温庭筠离开长安，去了襄阳担任刺史徐简的幕僚，分别以后他们常互通书信，表达思念。

春风吹拂长安城，正是新科进士放榜时。崇真观南楼，正张贴黄榜，进士们穿着新衣，戴着香囊，纷纷在道观的墙上题诗留念。女孩们都两眼放光地看着这些才子。

比起其他女孩，鱼幼薇羡慕的眼神中多了一分不屑："我要是男人，肯定比他们强。"

同伴不服："真的假的？"

鱼幼薇是个行动派，她立马题诗一首，《游崇真观南楼睹新及第题名处》：

云峰满目放春晴，历历银钩指下生。
自恨罗衣掩诗句，举头空羡榜中名。

天气放晴，进士放榜，只恨我乃女子身，空有满腔才情，却不能在考场与你们一决高下。

"好诗，好诗！巾帼不让须眉。"

一个富有磁力的男声从鱼幼薇身后传来。

鱼幼薇回头一看，只见一个气质与众不同的帅哥站在那里，正含笑看着自己。鱼幼薇被迷住了，这个帅哥简直甩温老师一条街啊！

"看不出来，你小小年纪还会写诗？"

"老师温飞卿教我的。"

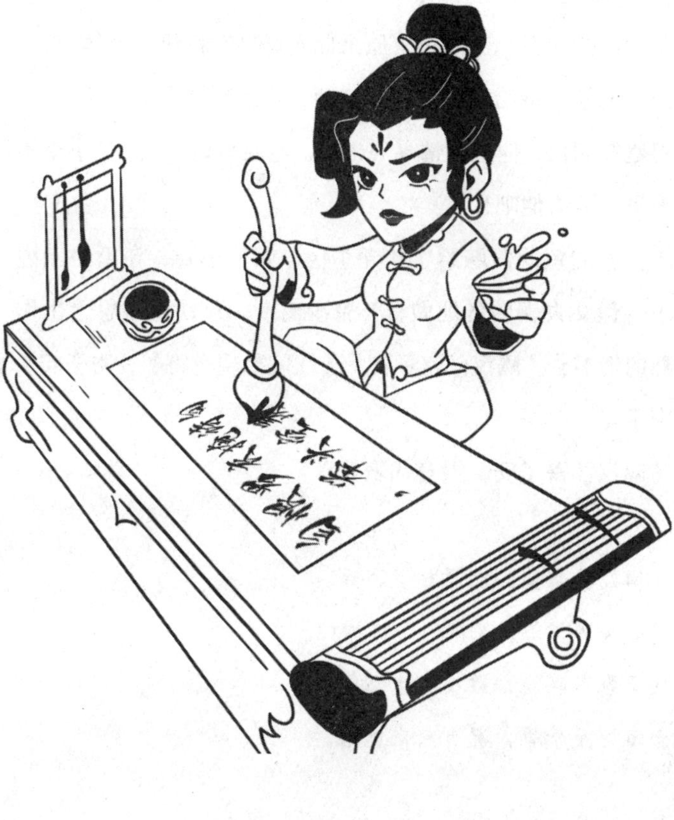

"飞卿？你是飞卿的徒弟？难怪诗写得这么好！"

"您认得家师？"

"岂止认得，我们还一起……"

一起去青楼……不提也罢！"在下李亿，敢问姑娘尊姓大名？"

"鱼幼薇。"

鱼幼薇激动得小手发抖，原来此人竟是新科状元李亿。

她当晚就写诗给温庭筠："老师，我恋爱了！"

温庭筠明白，他的爱情鸟飞走了。老温写诗回应："小李不错，前途无量，嫁给他吧！"

十四岁的鱼幼薇嫁给了状元李亿，做了小妾，新婚的幸福写在她脸上。但丈夫辗转各地做官，聚少离多，鱼幼薇将思念化作一封封热烈的情书：《隔汉江寄子安》《江陵愁望有寄》《寄子安》《情书寄李子安》……

《隔汉江寄子安》很有代表性：

江南江北愁望，相思相忆空吟。

鸳鸯暖卧沙浦，䴔䴖闲飞橘林。

烟里歌声隐隐，渡头月色沉沉。

含情咫尺千里，况听家家远砧。

滔滔江水，将你我隔离。唉，好想你啊。想当初，我们互相爱慕，吟诗作赋，好不快活！如今对着江水，只剩我独自一人。看着沙滩上的鸳鸯卧在一起依偎取暖，一对䴔䴖在橘林上空缠绵嬉戏，它们这是在嘲笑我吗？此情此景，叫我如何不想你？

你知不知道，寂寞的滋味，寂寞是因为思念谁？

李亿到河东节度使幕府中任职时，终于带上了鱼幼薇。两人在山西太原如胶似漆，吟诗作赋，骑马看球。她写了一首《打毬作》：

坚圆净滑一星流，月杖争敲未拟休。
无滞碍时从拨弄，有遮栏处任钩留。
不辞宛转长随手，却恐相将不到头。
毕竟入门应始了，愿君争取最前筹。

毬即木球。唐朝人喜欢木球游戏，月杖就是击球杆。木球打出去如同流星，人们争着击球，速度飞快。

木球在空中转动，能不能进门呢？入门才算赢哦，加油！要勇争第一哦！

三

鱼幼薇与丈夫在太原生活得很惬意，没注意到一双充满妒火的眼睛正盯着他们。

李亿明媒正娶的妻子发怒了："你们两个当老娘不存在吗？不仅整日黏在一起，还写情诗，就你会写诗吗？老娘这就赶你走！"

李亿的正妻斐氏，出身京城五大姓之一，是实打实的权贵家族之女。她借助各方势力，动用各种手段，给丈夫下最后的通牒："要前途，还是要小妾？"生性懦弱的李亿明白，他没有谈判的资格。怎么办？当年唐玄宗将杨贵妃送进道观，最后"曲线救国"，成功让贵妃上位。要不我也送她去道观吧。

"去吧,亲爱的,总有一天我会接你回来,我们永不分离。"

"真的吗?不要骗我哦。"

就这样,鱼幼薇成了长安郊外咸宜观的道姑,但李亿毕竟不是唐玄宗,鱼幼薇终究没有等来丈夫接她。在一番辗转反侧后,她猛然醒悟,不再彷徨,不再等待,不再把希望寄托在男人身上,她给自己改名鱼玄机——她要做自己的主人。

从此她常与男诗人们写诗唱和,研究学术,遇到喜欢的人,她就谈一场风花雪月的恋爱。《闻李端公垂钓回寄赠》便是她那时的作品。

无限荷香染暑衣,阮郎何处弄船归?
自惭不及鸳鸯侣,犹得双双近钓矶。

阵阵荷花的香味扑鼻而来,熏香了我的衣服。你在哪里钓鱼呢?何时能划舟归来呢?我独自坐在这里看风景,你又在哪里?唉,形单影只的我还不如相互依偎的鸳鸯。

她跟一个叫李郢的官员关系暧昧,可他岂会跟一个被抛弃的小妾动真情?鱼玄机也很洒脱,只把他当作生命中的过客。李郢离开京城后,两人的关系基本也就断了。

前夫李亿曾来看望她,鱼玄机写了一首赠别诗——《左名场自泽州至京使人传语》:

闲居作赋几年愁,王屋山前是旧游。

诗咏东西千嶂乱,马随南北一泉流。
曾陪雨夜同欢席,别后花时独上楼。
忽喜扣门传语至,为怜邻巷小房幽。
相如琴罢朱弦断,双燕巢分白露秋。
莫倦蓬门时一访,每春忙在曲江头。

想起以前我们幸福的点滴,而现在只留下我一人。唉,真希望你能时不时来看看我。

也许因为长期得不到真情的滋养,随着年纪渐长,鱼玄机的性格变得有些敏感。根据《三水小牍》中记载,她因为怀疑婢女绿翘与前来道观拜访的朋友偷情,两人产生争执,她失手打死了绿翘,被当时的京兆尹温璋判处了死刑。鱼玄机的死因没有正史明确记载,只在各类笔记小说中有所提及,给后人留下了一桩疑案。

由于史料的缺乏,我们已无从考证鱼玄机的一生。关于鱼玄机的传说有很多,人们多是关注她的情感生活。八卦不分时代,何况主角是一个惊才绝艳的女子。

可以肯定的是,她是晚唐时一道独特的风景线。她不被世俗禁锢,在那个陈旧的王朝起舞,拥有着超越时代的灵动和活泼。

我们以这位才华与美貌兼具的女人的最后一首诗《狱中作》作为结尾:"焚香登玉坛,端简礼金阙。明月照幽隙,清风开短襟。"身处牢狱,依然抱有希望,皎洁的月光总会照进来,清风也会吹进我的衣服,相信官府的审判会公平公正。

崔致远·十二岁我就出门闯荡江湖了

一

唐穆宗长庆元年（公元821年）后，朝廷为了照顾外国留学生，在每年的进士科考试中，设置宾贡科考试，命题、阅卷、放榜跟本土学生的标准不一样，降低了考试难度与录取标准，每年的放榜名单附在进士榜的末尾。从此，前来留学考试的外国人越来越多，在唐朝考中进士，回国可以吹嘘一辈子。

"考进士"成了东亚各个国家的热门词！

面对浩瀚的大海，颠簸的商船，这个十二岁的少年没有过多的兴奋。他小小年纪就要前往异国他乡，虽然早就听说大唐繁华，可那跟他有什么关系？他的脑海里只有父亲的嘱咐："此去大唐，十年之内中不了进士，就不要跟人说你是我儿子，我也不会认你。去了那边一定要刻苦攻读，不要偷懒！不要偷懒！不要偷懒！"

重要的事说三遍！

少年很惆怅。别人去国外是看世界的繁华，我去国外却要头悬梁、锥刺股，书读不好还得与父亲断绝关系，回不了家乡，压力太

此去大唐，若十年内中不了进士，你就不是我儿子！

大了!

少年的名字叫崔致远,字孤云,新罗(今朝鲜半岛)人,他家的条件不算差,也不算很好,父亲经常拍着他的肩膀说:"家族振兴就靠你了!"

"怎么振兴?"

"去大唐留学,考中进士!"

二

崔致远从小就被灌输汉文化,读汉书、写汉字,十二岁的他便随着商船去往那个熟悉而又陌生的国度,去考那个期盼而又纠结的科举。唐懿宗咸通八年(公元867年),在懵懂时期却又不能懵懂的崔致远踏上了唐朝的大地。虽是晚唐,已不似盛唐繁荣,但相对于新罗,那也是超级大国啊!气派的建筑,热闹的街道,琳琅的商品,丰腴的女子,看得崔致远目瞪口呆,难怪父亲让他来这里啊!

他也跟当年日本的阿倍仲麻吕一样,进入国子监,成为一名留学生。但他没有阿倍仲麻吕的好运,他出身不算显贵,而且此时的大唐也不复盛唐时期,他没有得到皇帝的亲自接待。所幸国子监里还有很多来自新罗的同学,也有来自日本、大食等国的少年,缓解了他的苦闷与孤独。

用功一点儿,再用功一点儿!别人不用功,回去还可以吃香喝辣;他不用功,回去肯定挨打!

埋头苦读七年以后,十九岁的崔致远考中进士。消息传到新罗,崔家放起鞭炮,举族同庆。

父亲传来新的指令："继续努力,做官发财!"

崔致远不再被动接受父亲的命令,他有了自己的想法,他要在大唐干出一番事业,风风光光地回到新罗。

考中进士不是重点,他还要参加两年后的吏部选拔考试。可这期间崔致远怎么生活呢?父亲只带来了口信,却没寄来生活费,他总不能赖在国子监蹭吃蹭喝吧?

崔致远离开长安,去往洛阳,在那里一边搞文学创作,一边替人写作,他形容这段时间的生活为"浪迹东都,笔作饭囊"。写作虽然不能让他摆脱贫穷,却能带来精神上的满足,他以文会友,结交了顾云、罗隐等才子,他们相互切磋,相互鼓励。

在洛阳熬了两年后,崔致远通过了吏部考试,成了溧水(今江苏省南京市溧水区)县尉。这个官职很小,工作也不忙,正好可以研究诗歌。那个时候的溧水地区并不发达,跟热闹的长安、洛阳根本不在一个档次,在这里生活让他开始思念家乡。他写下《秋夜雨中》:

秋风唯苦吟,世路少知音。
窗外三更雨,灯前万里心。

窗外的秋风仿佛在哭,半夜三更,我还没睡着。裹着被子听外面的冷雨,滴滴答答,凄凄惨惨。我起来挑灯夜战,不自觉地开始思念千里之外的家人。

三

一天,他到郊外游玩,看到一座"双女坟",据说这里埋着两位才貌双全的女子,她们奉父母之命,不情愿地嫁给了盐商,很快就郁郁而终,长眠地下。

崔致远听说她们的故事后很心疼,写了一首诗纪念她们。那天晚上,他看到一个漂亮的女子手里拿着精致的红袋子,出现在他面前,她自称是双女坟女主人的使者,前来转达她们对崔县尉作诗的感激,而且她们想与崔致远见个面。崔致远赶紧回应:"好,好,不见不散!等你过来!"

当晚,两位大美人飘然而至,三人对坐畅谈。崔致远才知道她们是本县张氏的女儿。之后三人同寝而眠。第二天清晨,两位女子依依不舍,作诗留恋。小崔也泪眼蒙眬,不舍地与她们告别。

爱情睡醒了,原来是白日梦!崔致远把这个故事写成《仙女红袋》,后来被收录在韩国古典名著《新罗殊异记》里。

除了思乡和做梦,崔致远还喜欢跟朋友们游览名山大川,留下很多诗。《题芋江驿亭》便是他的代表作之一:

沙汀立马待回舟,一带烟波万古愁。
直得山平兼水渴,人间离别始应休。

四

三年任期结束,崔致远满怀期望地回到长安,结果"落榜生"

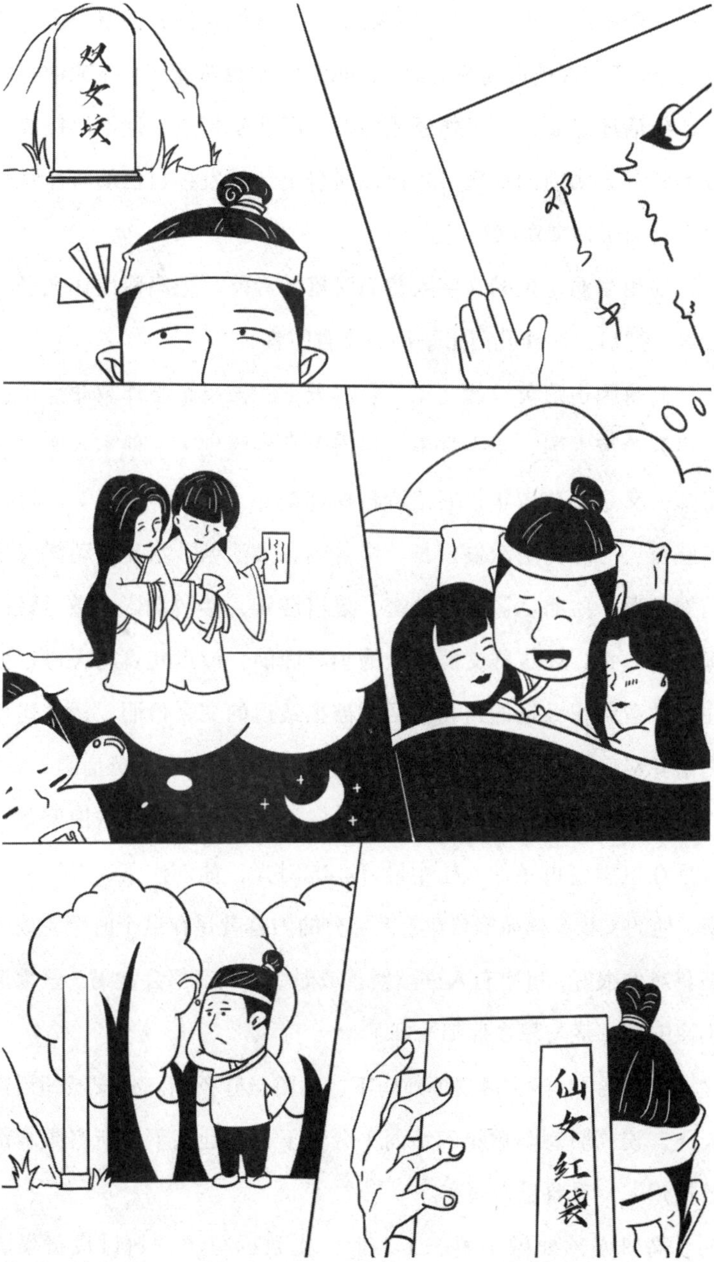
双女坟
仙女红袋

黄巢发动叛乱，率领起义军攻破长安。唐僖宗循着他爷爷唐玄宗走过的路，带着人逃亡到蜀地。小崔抑郁了，皇帝都跑了接下来咋办呢？

生活还是要过，工作还是要找。经朋友指点，他把目标放在刚被朝廷拜为太尉的淮南节度使高骈身上，他发挥自己的写作特长，写了几篇干谒文章献给高骈。

他用富丽堂皇的文字大赞高骈雄才大略，把高骈比作孔子、孟尝君，把自己比作孔门弟子和孟尝君门客。

高骈因击败黄巢起义军，名震天下，被皇帝当作救命稻草，被提拔为检校太尉、同平章事（相当于宰相级别）。他本人既是马上将帅，又是文艺青年，书法诗歌样样精通。《山亭夏日》写得特别有感觉："绿树阴浓夏日长，楼台倒影入池塘。水晶帘动微风起，满架蔷薇一院香。"绿树茂密，夏日漫长，楼台倒影，微风轻拂，满院蔷薇香。在这样文武双全的领导面前，没点儿真功夫肯定扛不住！他看到崔致远的自荐信后，被崔致远的文采折服，任命崔致远为馆驿巡官，充当他的贴身秘书，拟写公文奏章和公务信函。

当时高骈驻守扬州城。尽管长安水深火热，扬州依旧繁华。崔致远在这里度过了他人生中最开心的时光，他创作了大量诗歌、文章，他的文集《桂苑笔耕集》大部分的内容就是在这个时期完成的。高骈对他很好，每次有人进献新茶或时令水果，都会赏赐一些给他，小崔的抑郁症与思乡症都治好了。

公元881年，黄巢挥师南下，高骈坐守扬州。长安城却谣言满天飞，说高骈想与黄巢勾结而平分天下，朝廷上下的所有眼睛都盯着扬州城，看看是否属实。

高骈必须要做个表态了，他让崔致远写了一封讨伐黄巢的通告——《檄黄巢书》。文章一出，天下传诵，人心安定。

"……噫！唐虞以降，苗扈不宾，无良无赖之徒，不义不忠之辈，尔曹所作，何代而无？远则有刘曜、王敦，觊觎晋室；近则有禄山、朱泚，吠噪皇家。彼皆或手握强兵，或身居重任，叱咤则雷奔电走，喧呼则雾塞烟横。然犹暂逞奸图，终歼丑类……"

一千多字的文章如惊雷般扫清了人们心头的不安。其中"不惟天下之人皆思显戮，抑亦地中之鬼已议阴诛"两句让黄巢心惊肉跳。传说黄巢读了这篇檄文之后，不由自主地瘫坐在地上。

这篇文章可以与骆宾王的《为徐敬业讨武曌檄》并称"檄文双骄"。很快，大家都知道了这个新罗才子。崔致远因此获得了"赐绯鱼袋"的荣耀，绯鱼袋指绯衣与鱼符袋，是五品以上官员才有权穿戴的衣服和装饰品。

这一刻，崔致远站在了泰山之巅，按照唐朝诗人惯有的剧本，该是他下山的时候了。

大唐王朝已经从精力旺盛的中年步入老态龙钟的暮年，给自己人都创造不了多少就业机会，更何况一个外国人？

高骈因为听信谗言而拥兵自重，从备受信任的宠臣成为朝廷忽视的弃子，他不仅没有反省，还将精神寄托在神仙道术上，竟然重用术士吕用之、张守一干人。属下们纷纷叛逃——我们跟你出生入死，你却重用这些"大忽悠"？

崔致远内心纠结不已，留下？显然已经失去用武之地，跟一帮整天喊着"天灵灵地灵灵"的人混在一起，能干啥？陪他们"跳大神"？逃出去？太尉对我恩重如山，这时候投奔他人，岂不天理难容？唉！我该何去何从？

此时，弟弟崔栖远带着父亲的书信来了，崔致远找到了一条最好的退路——回国。

五

十六年了，他要回故乡了。二十八岁的他与高骈告别。

高骈虽然依依不舍，但还是同意了，小崔十二岁就出来打拼，如今也该回家看看了。

崔致远感激不尽，提笔写下《陈情上太尉》：

海内谁怜海外人，问津何处是通津。
本求食禄非求利，只为荣亲不为身。
客路离愁江上雨，故园归梦日边春。
济川幸遇恩波广，愿濯凡缨十载尘。

当年我冒着给海鱼当豪华午餐的危险来到大唐，生活在这里的人又怎能明白我的苦衷？本来我就为了有口吃的、有件穿的，没有什么野心和妄想，只是希望家中亲人能够安心。非常感谢大人对我的照顾与恩惠，此番前往故国，我也该洗去尘埃，换种生活了。

尽管高骈沉迷道术，但他依然是个好领导。临行前他送给崔致远钱财珍宝，还特意准备一个挂在船头保平安的药袋子。在崔致远上路以后又派人追赶，赠送了一些衣物。此刻主仆尊卑早已经升级为兄弟感情。

崔致远以大唐三品官衔荣归故里，新罗王朝立即重用他。回国后的崔致远，也进入了新罗权力中央，担任高官。但此时的新罗和晚唐一样，是多事之秋，内斗不断。崔致远屡遭排挤，最后被外放到地方任太守，从此再也没有回中央。

仕途走不通，那就换条路。崔致远正好有时间整理诗歌文集，经过一番去粗取精，《中山覆篑集》《桂苑笔耕集》横空出世，这些文集在民间广为流传，崔致远成了新罗的文学大家。

但他要的不是这些，他要的是治国平天下，要新罗快快富强起来。世上最远的距离，就是你对一米以外的人喊破嗓子，他却连头也不回，甩开膀子加速走。崔致远向朝廷进献的治国方略始终不被采纳。官场黑暗，国家衰落，他却又无能为力。唉，罢了，罢了，达者兼济天下，穷者独善其身。新罗不太大，我想去看看。五十多岁的崔致远辞官归隐，最后在伽倻山海印寺遁入空门。此后他只管游山玩水，结交高僧，谈佛论道。

《题伽倻山读书堂瀑布》写出了他那时的想法：

狂喷垒石吼重峦，人语难分咫尺间。
常恐是非声到耳，故教流水尽笼山。

我对尘世早已厌倦，让轰鸣的瀑布隔断人世间的是是非非吧，我只求清静、潇洒地过后半生。

崔致远虽然没有留在大唐，却学到了汉文化的精髓。他用笔记录了晚唐的精彩故事，我们也应该好好地跟他握个手。

参考文献

[1] 辛文房. 唐才子传（中华经典名著全本全注全译丛书）[M]. 北京：中华书局, 2020.

[2] 刘昫. 旧唐书 [M]. 北京：中华书局, 1975.

[3] 欧阳修, 宋祁. 新唐书 [M]. 北京：中华书局, 1975.

[4] 傅璇琮. 唐代科举与文学 [M]. 北京：中华书局, 2020.

[5] 司马光. 资治通鉴（精装全本全译全18册）[M]. 北京：中华书局, 2019.

[6] 李兵, 刘海峰. 科举：不只是考试 [M]. 上海：上海教育出版社, 2018.

[7] 程千帆. 唐代进士行卷与文学 [M]. 北京：北京出版社, 2020.

[8] 中华书局编辑部. 二十四史（简体横排本）[M]. 北京：中华书局, 2000.

[9] 房列曙. 中国历史上的人才选拔制度 [M]. 北京：人民出版社, 2005.

[10] 彭定求等. 全唐诗（增订本）[M]. 北京：中华书局, 1999.

[11] 计有功.《唐诗纪事》（全二册）[M]. 上海：上海古籍出版社, 2013.

[12] 上海辞书出版社文学鉴赏辞典编纂中心. 唐诗鉴赏辞典（分卷本·全四册）[M]. 上海：上海辞书出版社, 2017.

全国总经销

捧读文化
触及身心的阅读

出品人	张进步　程碧
特约编辑	罗盛　安斯娜
封面设计	陈旭麟 @AllenChan_cxl
内文插图	余晟昊（朋啾文化）
内文排版	博雅书装